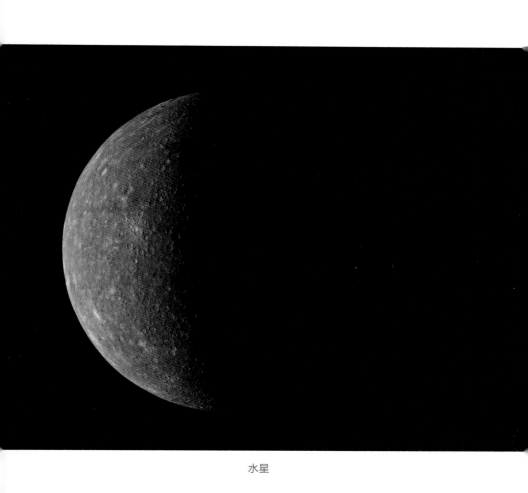

水星

金星

地球

火星

木星

土星

天王星

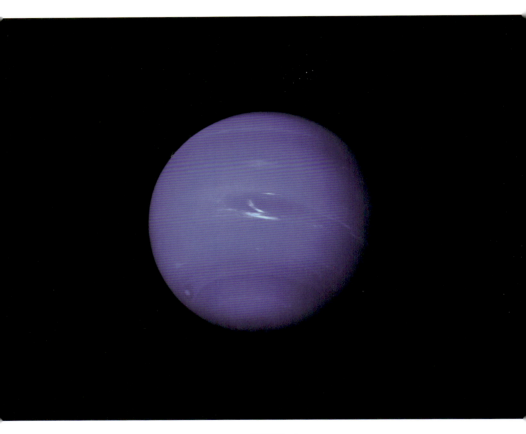

海王星

冥王星

月球

美 到 窒 息 的 英 文 词 句

Sensing the breath of words

爱是
想触碰
又收回的手

LOVE IS A TOUCH
AND YET NOT
A TOUCH

谢 侃 著

北京联合出版公司
Beijing United Publishing Co.,Ltd.

推荐序

爱上英语，
并通过它触摸更广阔的世界

感谢谢侃邀请我作序，这一提笔，不禁让我回想起十几年前的点点滴滴。

谢侃是我在杭州新东方学校工作时期的老下属、老同事、老朋友。记得我在担任杭州新东方校长之前，负责新东方教育科技集团"酷学酷玩夏令营"项目，2008 年被集团派往杭州新东方学校担任校长职务。就在那一年，我认识了谢侃，和这位优秀的青年共事了六年，他给我留下了深刻的印象。

谢侃在我的印象中有"双重人格"，请不要误会我的用词，我只是在描述他工作的双重属性：他既是一位优秀的企业管理者，也是一位顶级的英语教师。这两个特点通常是难以兼容的：名师通常很有个性，在讲台上他指点江山，激扬文字，挥斥方遒，唯我独尊，拥有绝对的话语权，而不太需要顾忌别人。但是做管理，需要首先考虑上级的要求、团队的利益，很多时候需要包容、妥协，把自己的利益和面子往后放，宁可舍弃小我也要达成团队的大目标。所以做名师的人很多时候做不了管理，而管理做得好意味着个性没有那么鲜明，也很难成为名师。但是，谢侃就有这种"双重人格"。

2009年，我任命他为杭州新东方北美留学考试培训部的总监，一开始我对这个清瘦的小伙子是否能扛起这个大部门的旗帜还有些顾虑，但是随着我们频繁接触，我逐渐发现谢侃身上有很多非常优秀的品质：自信顽强，积极进取，有卓越的领导力和掌控力，属于完完全全的实干行动派。他会和部门内数十位老师逐个彻夜长谈，帮助他们梳理工作甚至帮他们规划职业发展，极大调动员工的积极性；他会详细研究各部门的管理数据，对规律的分析总是鞭辟入里；他制定的教师绩效考评积分体系沿用至今……在谢侃的努力下，部门不仅完成了我布置的预算指标，而且是超额完成。谢侃宅心仁厚，深受老师和员工爱戴，把团队规模从15人做到了60人。

在新东方有一种文化，"教而优则仕"，任何一位管理者实际上最好有当老师的经验，只有这样才能对学校业务有深刻理解。谢侃从2006年加入新东方，一直是一线的教学名师，教授过托福、雅思、GRE、SAT等课程。我曾经观摩过谢侃老师的课堂，他的激情、幽默、深厚的英文功底、对知识点的拿捏、紧凑高效的课程设计给我留下了深刻的印象。正是因为这样的教学能力，谢侃老师不仅让学生折服，也让身边的同事折服；也正是这样的原因，我后来才会考虑将整个北美留学培训部交给他管理。

2013 年谢侃从新东方离职后，我一直在关注他的动向。谢侃一直活跃在互联网教学的一线，并取得了杰出的成绩。他将英语教学和互联网进行了很好的结合，完成了从传统英语线下培训到互联网英语教育的完美转型，无论写公众号文章、拍英语教学短视频、做网络直播课，都游刃有余，而且迅速扩大了自己的知名度和影响力，成为互联网英语教学的先驱和榜样，我想这与他多年的教学积累和对互联网的敏感度是分不开的。

如今的这本书是谢侃多年英语教学心得的精华总结，我十分为他高兴，希望这本书也能带领更多朋友爱上学英语，并通过英语接触到更广阔的世界。

杭州新东方学校前校长、新东方集团副总裁、东南区域总裁

高途集团联合创始人、副总裁

新加坡泰坦科技学院董事长

吕伟胜

2024 年 3 月

自序

发现英语之美，
抵达那无尽的远方、具体的人

说实话，回想起我在中学时代的英语成绩，并不能说突出。二十多年前我选择大学报读英语专业，或多或少受到了当时全国兴起的"外语热"的影响。然而，真正进入大学英语系学习后，我才深刻意识到，我以往的英语学习方法存在根本性的问题。

在中学阶段，不论我们是否热爱英语，学习过程基本是以应试为核心。老师重点讲授的，多半是考试中的重点和难点，评价学生英语能力的标准似乎就是考试分数。这种做法，实际上偏离了语言学习的真正目的。

进入大学后，我所接触到的英语世界是如此精彩纷呈：英语远不止于考试，它存在于图书馆里的各类外文杂志、视听教室中播放的国际电视节目、外国留学生的日常生活，以及英语教授们口述的厚重历史和趣味文化之中。

因此，我的英语学习不再局限于应试，我开始积极聆听国际广播，阅读外文刊物，与留学生进行交流，并通过英文电子邮件与外籍教师沟通各类事宜。我逐渐领悟到，英语不仅仅是一种语言，更是一把钥匙，是让你与世界沟通的重要工具。

在学习英语的过程中，我领悟到了一条最重要的经验：先爱上，再掌握。

而使我爱上英语的，正是它的趣味性。我至今还记得大学里一位教授分享的那个含八个 buffalo 的句子：

Buffalo buffalo Buffalo buffalo buffalo buffalo Buffalo buffalo.

这竟然是个语法正确、意义完整的句子，中文可表述为："布法罗市的水牛威吓着布法罗市的水牛，也威吓着布法罗市的其他水牛。"这里面涉及很多单词、语法和文化知识。可以说，当你理解了这个句子，也就意味着你的英语能力进入了一个新的层次。

我还记得，有位教授提到，形容长相出众用 beautiful 显得陈词滥调，更高级的说法是 the face that launched a thousand ships（发动上千战舰的脸庞）。

这是一个典故，来自希腊神话，相传斯巴达王后、绝世美女海伦（Helen）被特洛伊王子帕里斯（Paris）掳走，斯巴达国王便发动上千艘战舰，浩浩荡荡征讨特洛伊。所以，the face that launched a thousand ships 后来也成了对相貌的极高赞誉。

在大学年华里，我学到了许多看似无用却极富趣味的英语知识，这些知识不仅提升了我的英语能力，也让我对英语产生了浓厚的兴趣。大学毕业之后，我加入了新东方，开始将这些有趣而

"无用"的知识分享给更多人，希望他们也能因此爱上英语，从而掌握英语。这一初心，我坚守至今。

生活中不乏美，只是缺乏发现美的眼睛。英语亦是如此。我希望这本书能帮助大家发现英语之美，让我们能够触摸到更广阔的世界。

当你发现自己能看懂英文原著，并体会到一些中文翻译完全传递不出作者原意的时候，当你看美剧、英美电影，突然能理解外国观众的笑点的时候，你将体会到一种油然而生的满足感。

无论是作为一门语言带给我们修辞之美，还是作为一种工具让我们了解不同思维方式和风土人情，英语都能带给我们独特的学习乐趣。

这本书可能会涉及多种多样的英语知识，但正如胡适所言："怕什么真理无穷，进一寸有一寸的欢喜。"

谢侃

2024 年 3 月

目录

上篇

语词建造世界

3 世界的秩序 _100

4 人间的称谓 _163

11

下
篇

语句
重构生活

上篇

语词建造
世界

时空
的
形状

1

The Shape
of Time
and Space

二十四节气：中国人的时间之旅

　　2022 年北京冬奥会开幕式的二十四节气倒计时着实令我们惊艳。常规的倒计时都是从 10 数到 0，而这次冬奥会开幕式破天荒地采用了二十四节气的方式。从雨水数到立春，立春正是冬奥会开幕的那一天，张艺谋导演真是把中国人的浪漫演绎到了极致。不少同学注意到，二十四节气倒计时中出现了中英对照，他们也对其中一些翻译产生了疑问。那么今天我就来解释一下二十四节气分别是什么意思，以及为何要这样翻译。

　　首先声明，节气是中国特有的概念，没有固定的英文翻译，但冬奥会开幕式这一版我认为既简洁又很文雅，强烈推荐！

　　先说说节气该怎么翻译吧。节气是根据地球绕太阳的运行规律而进行划分的，故称 solar term。

　　solar 一词来自拉丁文，表示"跟太阳有关的"，比如 solar system（太阳系）、solar energy（太阳能）；term 表示"时间段"，二十四节气就是一年中的 24 个时间段，所以二十四节气的英文就是 24 solar terms。

下面我们按照正序，也就是从立春到大寒，以三个节气为一组给大家梳理一遍。

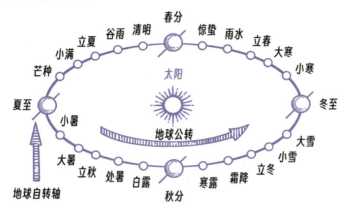

二十四节气与地球公转位置关系示意图

1. 立春：Beginning of Spring

2. 雨水：Rain Water

3. 惊蛰：Awakening of Insects

前两个节气理解起来比较简单，立春表示"春天的开始"，英文是 Beginning of Spring；雨水也取其字面含义，翻译为 Rain Water。

第三个节气——惊蛰，需要解释一下。中国古人造字也挺有意思的，这个"蛰"字底下是"虫"，"蛰"表示冬眠中的各种动物。"惊"字表示春雷惊醒了这些冬眠的动物，所谓"春雷惊百虫"，惊蛰之后，万物复苏，这些动物就要出洞了。

我们再来看惊蛰的翻译：Awakening of Insects。awaken 表示"唤醒、叫醒"，awakening 是其动名词形式，awakening of sth. 表示"叫醒……"。冬眠的动物种类繁多，无法逐一译出，就找了 insects（昆虫）当个代表。

4. 春分：Spring Equinox

5. 清明：Pure Brightness

6. 谷雨：Grain Rain

春分是二十四节气中四个重要的时间节点之一（另外三个是秋分、夏至、冬至）。因为在这一天，太阳直射赤道，全球昼夜平分，equinox 就是"昼夜平分点"的意思。

equi 表示 equal（相等）；nox 是古罗马神话中的夜神，后来指黑夜，所以 equinox 的字面含义就是"昼夜相等"。

春分和秋分（Autumn Equinox）是一年当中两个昼夜平分点，过了这两个节点之后，就开始变得昼长夜短、夜长昼短了。

再看清明。不要和清明节混淆，节气的清明就是"清澈明朗"的意思，指这个时节阳光明媚、草木萌动，自然界呈现生机勃勃的景象。所以清明翻译为 Pure Brightness，把其清澈明朗的本质翻译出来了。

谷雨时节，雨水增多，农民开始播种了，所以英文是 Grain Rain，大家记住这个 Grain（谷物），很多节气都要用到它。

7. 立夏：Beginning of Summer

8. 小满：Grain Buds

9. 芒种：Grain in Ear

立夏表示"夏天的开始"，翻译很直白——Beginning of Summer，这里不做过多解释。

小满指谷雨时播种的作物开始发芽，但还未成熟，所以用 Grain Buds 来翻译。

芒种的意思是"有芒的麦子快收，有芒的稻子可种"，是北方收麦和南方种稻之时。"芒"字指作物籽粒外壳上的细刺，同时又跟"忙"同音，暗指这时是农民最忙的时候。

芒种为什么要翻译成 Grain in Ear? ear 此处不是"耳朵"的意思，而是指谷类植物的穗，大家想想稻穗，饱满的稻穗垂下来，是不是像弯弯的耳朵？Grain in Ear 的字面意思是"穗里的谷物"，强调丰收的概念。

10. 夏至：Summer Solstice

11. 小暑：Minor Heat

12. 大暑：Major Heat

这里重点讲讲夏至。前面说过，二十四节气中有四个关键时间节点，夏至是其中一个。"至"表示"极端"，指地球公转过程中运行到离太阳最远的点，一年中分别有两次。夏至时，太阳光直射北回归线；冬至时，太阳光直射南回归线。这个至点在英文中称为 solstice，来自拉丁文 solstitium，sol 就是 solar，词根 stit 表示"停止、静止"，合起来就表示地球到达离太阳最远点。

夏至之后，北半球将会迎来炎炎夏日。夏至后就是小暑和大暑两个节气，这两个节气很好理解，英语翻译也简单：Minor Heat 和 Major Heat。

Minor 表示"小的，次要的"，未成年人就可以用 minor 来表示；major 是 minor 的反义词，表示"大的，主要的"。

13. 立秋：Beginning of Autumn

14. 处暑：End of Heat

15. 白露：White Dew

立秋不多解释，Beginning of Autumn，即"秋天的开始"。

处暑的意思是"暑气的终结"，英文是 End of Heat，也很好理解。

白露是指天气变凉之后，挂在植物叶子上的白色露珠。白露是非常有诗意的一个词，杜甫名句"露从今夜白，月是故乡明"，描写的就是白露时节的景象。英语翻译不难，按字面意思翻译为 White Dew，dew 就是"露珠"的意思。

16. 秋分：Autumn Equinox

17. 寒露：Cold Dew

18. 霜降：Frost's Descent

跟春分一样，秋分这一天太阳光直射赤道，全球昼夜相等，前面讲过，equinox 表示"昼夜平分点"，因此秋分就是 Autumn Equinox。

寒露的"露"是白露的"露"，用 dew 一词，但一个"寒"字，点明了气温的下降，英文是 Cold Dew。

霜降时气温进一步下降，都开始落霜了，Frost's Descent 也是按字面意思翻译的，frost 表示"霜"，descent 表示"下降、落下"。descent 这个词还可以表示"血统、出身"，这是引申义，因为血统讲究的就是从上到下的传承。descendant 表示"后裔、后代、子孙"。可能有人会问：霜降的"降"为什么不用 fall 或 drop？因为不如 descent 高级。

19. 立冬：Beginning of Winter

20. 小雪：Minor Snow

21. 大雪：Major Snow

这一组节气不用解释，立冬是冬天的开始，翻译为 Beginning of Winter。小雪（Minor Snow）、大雪（Major Snow）的翻译原理同前面的小暑、大暑。

22. 冬至：Winter Solstice

23. 小寒：Minor Cold

24. 大寒：Major Cold

有了前面的知识储备，这一组节气理解起来就不费劲了。冬至时地球又运行到了离日最远点，此时太阳直射南回归线，故译为 Winter Solstice。小寒是 Minor Cold，大寒是 Major Cold。

二十四节气是中国人对自然观察和农忙实践的重要经验总结和知识体系，2016 年，联合国教科文组织将二十四节气列入人类非物质文化遗产代表作名录。希望我们都能了解节气的知识，并将二十四节气传承下去，有机会也要向外国友人介绍。

月份：罗马人的时间交错

我们都知道现行的公历源自古罗马的历法，而在古罗马历法中，最初只有 10 个月。

古罗马城是由初代国王罗慕路斯建立的，当时的历法也被称为"罗慕路斯历"，该历法规定一年有 10 个月，共 304 日。

相信你听说过母狼乳婴的罗马神话故事，传说中，罗马城由双胞胎兄弟罗慕路斯与雷穆斯建立，并以哥哥罗慕路斯的名字命名。

罗慕路斯历依据月亮的周期和农业年的季节变化制定，规定一年有 10 个月，从春天的三月开始，以秋天播种结束的十二月为止，共 304 日。冬天的两个月，由于没有农活儿要干，不被计算在内。

罗慕路斯历非常混乱，误差很大。为了补偿缺少的日数，第二任罗马领袖努马·庞皮里乌斯增加了两个冬季月份：一月和二月，并将一年分为 12 个月，共 355 日。这个历法被称为"努马历"。虽然增加了 51 天，但努马历仍然是依据月亮周期制定的历法，比地球绕太阳一年的时间短约 11 天。如果不插入这些缺少的天数，历法就无法与季节保持同步。

为改变这一混乱局面，公元前 46 年，恺撒大帝引入了一种基于太阳年的历法改革，将一年定为 365 天，分为四个天数几乎相同的季节。因为恺撒大帝全名盖乌斯·尤利乌斯·恺撒，也翻译为"盖厄斯·儒略·恺撒"，所以他制定的这个历法也被称为"儒略历"，已经跟现行的公历颇为接近了。

公历一年有 12 个月，我们都知道它们的英文单词，但知道每个月份来历的人就不多了，今天为大家详细说说。

一月：January

在罗马传说中，有一位名叫雅努斯（Janus）的守护神，生有两副面孔，一副回顾过去，一副眺望未来。

于是人们选择他的名字作为第一个月的名字，这样的做法很有意义，因为一月就是一个辞旧迎新的月份，既回顾过去，又面向未来。

二月：February

每年二月，罗马人民都要杀牲饮酒，欢庆一个叫 Februa（涤罪节）的节日。

节日期间，人们常用皮鞭（februa）抽打不育的妇女，以求让她们怀孕生子。人们还要忏悔自己过去一年的罪过，洗刷自己的灵魂，求得神明的饶恕，使自己成为一个贞洁的人。

二月的英文 February，便是由节日名 Februa 演变而来的。

三月：March

三月原是罗马旧历的一月，恺撒大帝改革历法后，原来的一月变成三月，但很多罗马人仍然把三月看作一年的开始。

另外，按照传统习惯，三月是罗马士兵出征远战的季节，为了纪念战神玛尔斯（Mars），人们便把这位战神的名字当作三月的月名。对了，march 还有"行军"的意思。

四月：April

罗马的四月正是大地回春、鲜花初绽的美好季节，四月的英文 April 来自拉丁语 aperire，意思为"开始"，意味着万物在春天开始生长。

五月：May

罗马神话中的女神迈亚（Maia）掌管丰收和繁殖。为了纪念这位女神，罗马人便用她的名字来命名五月。

六月：June

英文中的六月源于古罗马女神、朱庇特（Jupiter）的妻子朱诺（Juno）。朱庇特是希腊神话中的宙斯（Zeus）在罗马神话中的对应神。

古罗马人对朱诺十分崇敬，便把六月奉献给她，以她的名字——拉丁语 Junius 来命名。

七月：July

恺撒大帝被刺死后，著名的罗马将军马克·安东尼建议将恺撒大帝诞生的七月，用恺撒的名字——Julius 来命名。这一建议得到了元老院的赞成，七月的英语 July 便由此演变而来。

八月：August

恺撒死后，由他的甥孙屋大维继任罗马皇帝。为了和恺撒齐名，屋大维也想用自己的名字来命名一个月份。他选了八月。因为他登基后，罗马元老院在八月授予了他"奥古斯都"（Augustus，"神圣、至尊"）的尊号，于是，他决定用这个尊号来命名八月。所以，八月的英语August便来自"奥古斯都"这一尊称。

九月：September

恺撒大帝改革历法后，原来的七月顺延变成九月。

拉丁语septem是"七"的意思，人们原先使用Septem来指代七月。虽然历法改革了，但人们仍使用Septem这个词，这就是九月的英语September的由来。

我国有一个男装品牌，叫七匹狼，大家注意过它的英文名称吗？是Septwolves。

sept是拉丁语词根，源自septem，表示"七"。只能说，起这个英文名的人对词汇研究颇深，因为一般人只会翻译成seven wolves。

我再举几个例子：

septuple：七倍的

septet：七重唱

septangle：七角形

septennial：连续七年的

septisyllable：七个音节的

septuagenarian：七十多岁的老人

拉丁血统，出身高贵，有拉丁语词根的单词都自带"高级感"。

十月：October

英语的十月，来自拉丁文 octo（表示"八"），命名原理跟九月一样，老历法中的八月顺延变成了十月。前缀 oct 一般表示"八"，比如 octopus（章鱼）、octagon（八边形）。

十一月：November

前面说过，恺撒和屋大维都拥有以自己名字命名的月份——July 和 August，所以后来罗马元老院提议当时的罗马皇帝提比略用自己的名字来命名十一月。

但提比略没有同意，他说："如果每个罗马皇帝都用自己的名字来命名月份，那么出现了第 13 个皇帝怎么办？"

于是，十一月仍然保留着旧称 Novem，即拉丁语"九"的意思（也指原先的九月），这也是十一月的英文 November 的来历。

这里我不禁要为提比略的格局点赞！

十二月：December

罗马皇帝并不都是像提比略那样的明君，后面就出了一个昏君——德西乌斯。

他想把一年中最后一个月——十二月，以他的情妇 Amagonius 的名字来命名，但遭到了元老院的反对。

因此，十二月仍然沿用旧名 Decem，即拉丁语中的"十"，后逐渐演变成 December。

月相：阴晴无定，盈亏有时

为什么中国人对着满月祈求团圆，外国人却对满月避之唯恐不及？

这是因为中西方文化不同，中国人讲究花好月圆，满月代表着圆满、顺利和吉祥；而在西方文化中，满月却象征着狂躁、疯癫，是邪恶滋生之时。大家对这样的影视剧场面应该不陌生：每当月圆之时，清冷的大月盘透着一股杀气，英俊的男子会变成狰狞的狼人，对着满月嚎叫几声后，便会大开杀戒。

在西方人看来，月亮对地球的影响很大，比如引发潮汐现象，而且月亮对一些生物，特别是夜行动物，也有一定影响，而月圆之夜对它们的影响就更大了。满月之时，很多动物都会异常活跃。比如，一些动物会在月圆之夜繁殖，还有一些动物会乱跳、大叫，因此人们常常把月圆之夜与一些奇怪的事物联系起来。有关狼人的传说在欧洲流行了好几个世纪，无论在哪个版本当中，暴力嗜血的狼人都和月圆有着密不可分的关系。狼人话题就到此为止了，下面我们来聊聊月相。

关于月相最有名的词句，莫过于苏轼《水调歌头》里"人有悲欢离合，月有阴晴圆缺"这一句了，这里的圆缺就属于月相变化。月球本身不发光，可见的发亮部分实际上是它反射太阳光的部分。而月球绕地球运动过程中，太阳、地球、月球三者的相对位置在一个月中有规律地变动。所以，地球上看到的月球发光部分（也就是月亮的形状）在一个月中也呈周期性变化。

月相的英文是 moon phase，这里的 phase 意思是"阶段"，moon phase 表示"月球所处的阶段"。moon phase 听上去和 moon face（月亮的脸）发音相似，而中文"月相"也可以理解为"月亮的相貌"，可以说是中英文的巧合了。

我们再回到前面提到的《水调歌头》里的名句"人有悲欢离合，月有阴晴圆缺"，翻译家许渊冲先生把它翻译为：

Men have sorrow and joy; they part or meet again;

The moon is bright or dim and she may wax or wane.

许老的译文最大的特色就是忠实于原文，并严格对仗，几乎字字对应。

悲欢离合，"悲"对 sorrow，"欢"对 joy，"离"对 part，"合"对 meet。

阴晴圆缺，"阴"对 dim，"晴"对 bright，"圆"对 wax，"缺"对 wane。

特别要注意最后两个单词，wax 作动词时表示"月亮的渐圆（渐盈）"，wane 作动词时表示"月亮的渐缺（渐亏）"。

一个月总共有八种月相。这里要提醒大家，北半球和南半球的月相呈镜像关系，下面我将依次讲解北半球的月相。

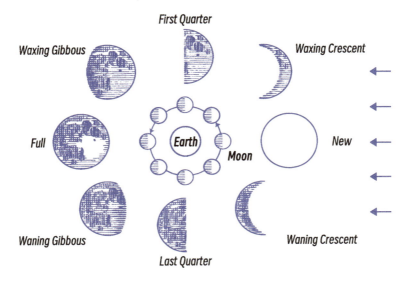

First Quarter

Waxing Gibbous

Waxing Crescent

Full

Earth

Moon

New

Waning Gibbous

Waning Crescent

Last Quarter

北半球月相图

1. 新月：new moon

此时肉眼基本看不见月亮，因为月球此时面对地球的这一面完全背对太阳，在地球上看不到有任何阳光从月球反射到地球上。中国古代把这个月相叫"朔"，代表一个月的第一天，也就是农历的初一。

2. 蛾眉月：waxing crescent

此时月球右侧一小半可见，形状如同蚕蛾的两条触须，由此得名。

3. 上弦月：first quarter

此时月球右侧一半完全可见。

4. 盈凸月：waxing gibbous

此时月球一大半的右侧可见。

5. 满月：full moon

此时月球完全可见，因为地球正处于月球和太阳中间。古人把这一月相称为"望"，代表一个月的中间，也就是农历的十五。初一的"朔"跟十五的"望"，构成了朔望月，一个朔望月指的是月球连续两次呈现相同月相所经历的时间。

6. 亏凸月：waning gibbous

此时月球左侧一大半可见。

7. 下弦月：last quarter

此时月球左侧一半完全可见。

8. 残月：waning crescent

此时月球左侧一小半可见，形状同前面的蛾眉月。中文的"残"字用得很好，因为月球处于不断亏缺的状态，"残月"显示出一种凋敝之美。

下面说说关于月相的五个关键词。

1.waxing

来自动词 wax，wax 作名词时表示"蜡"，作动词时除了表示"给……打蜡"，还可表示月相的"渐圆、渐满"。

2. waning

来自动词 wane，表示"衰落、衰败"，也可以表示月相的

"渐亏、渐缺"。

3.gibbous

这个单词是形容月相的术语，表示"光亮部分大于半圆的"，盈凸月就叫 waxing gibbous，亏凸月就叫 waning gibbous。

4.crescent

这个单词意为"月牙"（也就是弯弯的月亮）。蛾眉月的本质是渐满的月牙，所以英语是 waxing crescent；而残月的本质是渐亏的月牙，所以英语是 waning crescent。

5.quarter

这个词我们很熟悉，表示"四分之一"。上弦月叫 first quarter，也就是一个月的第一个四分之一，大概是农历的初七或初八，此时北半球的月亮右侧一半可见。下弦月叫 last quarter，也就是一个月的最后四分之一，大约是农历的二十二或二十三，此时北半球的月亮左侧一半可见。

现如今，计时工具非常发达，我们不再需要通过月相来安排生产生活了，那么月相对我们还有意义吗？我认为，月相变化，阴晴圆缺，正是人生本质的写照。

人生没有完美的，痛苦和快乐相辅相成。得意时，看看月相，月满则亏，切勿被喜悦冲昏头脑；失意时，看看月相，月亏了能再盈，我们也不要因为气馁而丧失信心。

孤悬天际的月亮，见证着人世沧桑，更不断提醒我们"不以物喜，不以己悲"，要用豁达的心态来面对这多变的一生。

星期：神祇的闪耀

我们都知道一周有七天，从周一到周日，英语分别是 Monday、Tuesday、Wednesday、Thursday、Friday、Saturday、Sunday。你可能发现了，Sunday 里有个 Sun（太阳）。有趣的是，中文里的这一天被称为"星期日"，日就是太阳。这是冥冥中的巧合，还是内在的规律？

我们再来看一下一周七天（从周一到周日）的日语说法，你或许能找到一些线索：月曜日、火曜日、水曜日、木曜日、金曜日、土曜日、日曜日。不难发现，日语的一周七天和七大天体的对应关系非常直白：星期一代表月亮，星期二代表火星，星期三代表水星，星期四代表木星，星期五代表金星，星期六代表土星，星期日代表太阳。

而中文里"星期"两个字的意思就是"星的周期"，也就是"天体的周期"。可见不同文化都把星期和天体关联起来了。

我们再仔细观察一下这七个英语单词：Monday、Tuesday、Wednesday、Thursday、Friday、Saturday、Sunday。

至少有三个单词的源头已经清楚了。

Monday：星期一，月曜日，Mon 指 moon（月亮）。

Sunday：星期日，日曜日，Sun 指 sun（太阳）。

Saturday：星期六，土曜日，Satur 指 Saturn（土星）。

但其他四天的英语好像跟天体的英语对不上。

Tuesday：星期二，火曜日，Tues 为什么对应 Mars（火星）？

Wednesday：星期三，水曜日，Wednes 为什么对应 Mercury（水星）？

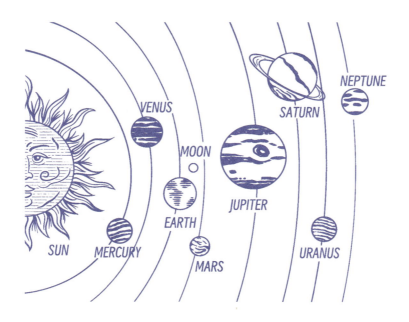

Thursday：星期四，木曜日，Thurs 为什么对应 Jupiter（木星）?

Friday：星期五，金曜日，Fri 为什么对应 Venus（金星）?

这里就要聊聊英语的起源了。现代英语的形成并不是一蹴而就的，而是和古代欧洲的语言融合后演变而来的。欧洲早期处于强大的罗马帝国的统治下，拉丁语是当时的通用语。后来罗马帝国渐渐衰败，广袤的领土被北部的日耳曼人侵占，这些日耳曼人也是英格兰人、德国人、北欧人的老祖宗。在语言上，一家独大的拉丁语也不得不和日耳曼人的语言平分天下。这个格局也导致了如今欧洲各国语言的形成，比如英语、德语、荷兰语、部分北欧国家语言的源头是日耳曼语，法语、西班牙语、意大利语、葡萄牙语的源头是拉丁语。

再说回一周七天的英语。日耳曼各族瓜分了罗马帝国领土后，继承了罗马帝国关于一周七天的名称，但在语言上对其进行了改造。在拉丁语中，一周七天的名称如下：

星期日：dies Solis（太阳）

星期一：dies Lunae（月亮）

星期二：dies Martis（火星）

星期三：dies Mercurii（水星）

星期四：dies Jovis（木星）

星期五：dies Veneris（金星）

星期六：dies Saturni（土星）

前面的 dies 相当于英语中的 days，后面的单词是七个天体在罗马神话中的投射。

前面提到，日耳曼人对一周七天的拉丁语进行了改造，用日耳曼神话中的神替代了这些罗马神。

星期日和星期一的拉丁语 Solis 和 Lunae 对应太阳和月亮。

solis 就是 solar system（太阳系）、solar energy（太阳能）等词里 solar 一词的词根；lunae 就是 lunar rover（月球车）、lunar soil（月壤）等词里 lunar 一词的词根。

Solis 和 Lunae 是拉丁语中的太阳和月亮。而在日耳曼神话中的太阳神和月亮神分别叫苏娜（Sunna）和曼尼（Mani）。值得一提的是，在日耳曼神话中，太阳神是女神，月亮神是男神。这就是星期日的英语 Sunday 和星期一的英语 Monday 的由来。

星期二的拉丁语中的 Martis 对应火星。

火星得名于罗马神话中的战神玛尔斯，而日耳曼神话中的战神叫提尔（Tyr），于是拉丁语中的周二从玛尔斯之日，变成了提尔之日（Tyr's day），进而演变为 Tuesday。

星期三的拉丁语中的 Mercurii 对应水星。

水星得名于罗马神话中众神的信使墨丘利（Mercury）。墨丘利有一个能力，他可以将亡灵引导至冥界，而在日耳曼神话中具备这一能力的神叫奥丁，奥丁也是北欧神话中的主神。奥丁在北欧语中名为 Odin，在盎格鲁－撒克逊语（也就是古英语）中名为 Woden，所以拉丁语中的周三从墨丘利之日，变成了奥丁之日（Woden's day），进而演变为 Wednesday。

星期四的拉丁语中的 Jovis 对应木星。

木星得名于罗马神话中的主神朱庇特，对应的是希腊神话中的主神宙斯。宙斯的技能包括释放闪电和雷鸣，而在日耳曼神话中，这正是雷神托尔（Thor）的技能，所以拉丁语中的周四由朱庇特之日，变成了托尔之日（Thor's day），进一步演变为 Thursday。

星期五的拉丁语中的 Veneris 对应金星。

金星得名于罗马神话中的爱与美之神维纳斯（Venus），而日耳曼神话中的爱神叫弗蕾亚（Freya）。弗蕾亚有时也被等同于婚姻女神弗丽嘉（Frigg），所以拉丁语中的周五从维纳斯之日，变成了弗丽嘉之日（Frigg's day），后来就演变为 Friday 了。

星期六的拉丁语中的 Saturni 对应土星。

土星得名于罗马神话中的农神萨图恩（Saturn），日耳曼神话中没有对应的神，因此就直接借用了萨图恩的名字，于是便有了英语中的 Saturday。

这样一来，众神的星空和人类生产生活的每一天就紧密挂钩了，我们再总结一下。

Monday 源自日耳曼神话中的月亮神曼尼（Mani），对应拉丁语的月亮（Lunae）。

Tuesday 源自日耳曼神话中的战神提尔（Tyr），对应罗马神话中的战神玛尔斯（Mars）。

Wednesday 源自日耳曼神话中的主神，也是灵魂引导者奥丁（Woden），对应罗马神话中众神的信使墨丘利（Mercury）。

Thursday 源自日耳曼神话中的雷神托尔（Thor），对应罗马神话里的主神朱庇特（Jupiter）。

Friday 源自日耳曼神话中的婚姻女神弗丽嘉（Frigg），对应罗马神话中的爱与美之神维纳斯（Venus）。

Saturday 源自罗马神话中的农神萨图恩（Saturn）。

Sunday 源自日耳曼神话中的太阳神苏娜（Sunna），对应拉丁语中的太阳（Solis）。

最后，请大家思考一下：你认为一周的第一天是星期日还是星期一呢？

早餐、午餐、晚餐：一日三餐，去日留痕

我曾在网上看到一个词条，觉得有点意思，"brunner: when your breakfast, lunch and dinner are all one meal"。原来早餐、午餐、晚餐三餐合一的这一顿，可以叫 brunner。但 brunner 不是一个规范的英语单词，而是网友造出来的新词。

brunner 是根据早午餐的英语 brunch 引申出来的，brunch 是早餐（breakfast）和午餐（lunch）组合得来的；而 brunner 是 breakfast、lunch 和 dinner 组合而来的。这里就跟大家聊聊，一日三餐的英语分别是怎么来的。

先说 breakfast。

你可能会觉得奇怪，break 表示"打破"，fast 是"快的"，两个词合在一起怎么会表示"早餐"呢？break 表示"打破"没问题，但 fast 在 breakfast 里是名词，表示"禁食期、斋戒期"，也就是不吃东西的那一段时间。很多宗教都有斋戒一说，要求信

025

徒在日出之后和日落之前这段时间不得进食和饮水，这就是斋戒。而开斋指的是"打破斋戒"，英文是 to break (= end) your fast。那为什么早餐是 breakfast 呢？因为从晚上睡觉到早上起床这段时间是不吃东西不喝水的，可以视为一个 fast，而早餐就相当于 break that fast，所以早餐就被称为 breakfast 了。

再来聊聊 lunch。

这个单词的起源可以追溯到 16 世纪的英格兰。最初，人们使用 nuncheon 一词表示"午间小点心"。nuncheon 由 none（源自 noon，即"正午"）和 schench（饮料、杯子）组合而成，本意是指正午时分的饮食。后来 nuncheon 逐渐演变成 luncheon，20 世纪初，变为更短的 lunch，成为午餐的正式用词。

最后来说 dinner。

很多人认为 supper 是晚餐，说得没错，supper 专门指晚上或者晚上睡觉前吃的、量比较少的一餐，是真正意义上的晚餐，晚上和量少是关键词。而 dinner 这个单词的本意是"正餐"，指一天中主要的、比较丰盛的一餐，这个单词本身不包含时间概念，丰盛是其关键词。

所以，你可以中午吃 dinner，也可以晚上吃 dinner，但现在人们一般在晚上吃 dinner，因为中午大家都挺忙。现在很少听到有人管晚饭叫 supper，基本用 dinner 代替了。

最后，再回到三餐合一的 brunner 一词上，我突然想到一个问题：到底谁会一天只吃一顿呢？

上午、下午：昼与夜的交替

现代有两种表达时间的方式：12 小时制（12-hour clock）和 24 小时制（24-hour clock）。

你手机上的时间设置的是 12 小时制还是 24 小时制？如果你用的是 12 小时制，肯定会看到这两个缩写：a.m. 和 p.m.。比如，8:00 a.m. 表示"上午 8 点"，8:00 p.m. 表示"下午 8 点"，也就是"晚上 8 点"。

12 小时制目前正在逐渐被 24 小时制代替，因为它有以下三个缺陷。

1. 容易混淆正午 12 点和午夜 12 点，12 小时制的正午 12 点是 12:00 p.m.，午夜 12 点是 12:00 a.m.。

2. 容易混淆凌晨的时间，比如，"Feb. 3rd, 12:00 a.m."，令人很难确定是 2 月 3 日的 00:00 还是 2 月 4 日的 00:00（2 月 3 日的 24:00）。

3. 在排版时，a.m. 或 p.m. 需要占更多空间。

在这些问题上，24 小时制就凸显出优势了。但受到传统钟表影响，大部分人已习惯使用 12 小时制，比如人们会说下午 5 点，而很少说 17 点。

顺便一提，虽然多数钟表都是 12 小时制的，但 24 小时制的钟表也存在。比如，著名的布拉格天文钟、格林尼治天文台的谢泼德门钟。

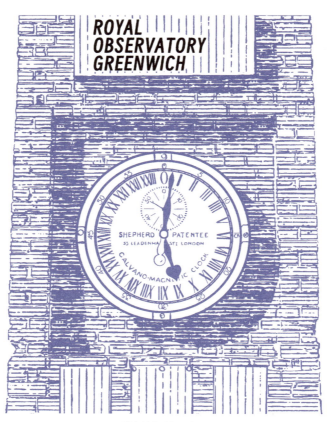

谢泼德门钟示意图

在书面语中，世界上大部分国家和地区都习惯使用 24 小时制，除了两个地方——澳大利亚和美国，这两国习惯采用 12 小时制。

下面我就来说说 a.m. 和 p.m. 分别来自哪两个单词。其实 a.m. 和 p.m. 来自拉丁语，a.m. 是 ante meridiem 的缩写，而 p.m. 是 post meridiem 的缩写。meridiem 在拉丁语中表示"正午"，对应英语的 midday。

拉丁语前缀 ante 表示"前"，相当于英语的 before；拉丁语前缀 post 表示"后"，相当于英语的 after。

所以，ante meridiem 等于 before midday（午前），即上午；post meridiem 等于 after midday（午后），即"下午"。

英语中的很多缩写都来自拉丁语，在学术英语写作中尤其常见，比如 e.g.、AD、etc.、vs.、i.e.、cf.、N.B. 等。

12 小时制可追溯至美索不达米亚和埃及文明，当时，人们把从黄昏到黎明分为 12 个小时，从黎明到黄昏也分为 12 个小时，然而每个小时的长度会因季节不同而不同。古罗马人也使用 12 小时制，他们把全天平均分为 12 个小时。在水钟发明之前，人们使用太阳作为计时工具，所以没有办法准确地划分时间。

然而，在古罗马时期，a.m. 的意义与其现今的含义有所不同，例如，3 a.m. 或 3 hours ante meridiem 指的是中午以前的第三个小时，而不是现代意义的"午夜以后的第三个小时"。由此可见，统一时间观对人类的发展有多么重要！日出日落，星辰流转，四季变化，时间这个概念，最早源于大自然。

然而，在我们的现代社会中，时间早就已经超出了它的自然意义，统一的时间观，消除了物质、空间或距离的影响，让人类协同起来，共同走入现代社会。

岁数：人生几度春秋

最近，我看了很多英文媒体对袁隆平的报道，在缅怀他老人家的同时，也学到了很多新鲜的英文表达，比如香港的《南华早报》在报道中使用了一个我从来没有背过的单词。

先看一下完整语境：

Yuan's doctor was quoted as saying the nonagenarian had been in hospital in Changsha since April 7 after falling in a rice field while working in one of his projects on the island province of Hainan on March 10.（袁老的医生称，3月10日，这位nonagenarian在位于海南省的稻田工作时摔倒，后被送往长沙的医院，4月7日以来一直在住院治疗。）

文章用了nonagenarian来指代袁隆平院士，第一眼看到这个单词时，我虽然不认识，但感觉它很高级！

于是我马上查了词典，nonagenarian的释义为a person

who is between 90 and 99 years old（年龄在 90~99 岁的人）。

这不是和汉语中耄耋老人的意思相近吗？确切来说，耄耋老人一般指八九十岁的老人。袁老 91 岁高龄，算是标准的耄耋老人。

我一开始认为这是汉语博大精深的体现，学识浅陋的我认为英文不会有类似的表达。在研究了 nonagenarian 的构词法后，我发现它的构造还是很巧妙的。

nonagenarian 前面的 nona 来自拉丁语，表示"九"；中间的 gen 来自 generation（代际），一个代际是十年；最后的 ian 往往表示"人"的概念，比如 historian（历史学家）、vegetarian（素食者）、Christian（基督徒）等。

语文好的同学都知道，中文里有专门描述老人年龄的词语。

耄耋老人：八九十岁的老人。

古稀老人：70 多岁的老人。

花甲老人：60 多岁的老人。

nonagenarian 这个单词拓宽了我的视野，我研究了一下，没想到英文中的划分更细。

90~99 岁的老人：nonagenarian。

80~89 岁的老人：octogenarian，前缀 oct 在拉丁语中表示"八"（参考章鱼的英语 octopus）。

70~79 岁的老人：septuagenarian，前缀 sept 在拉丁语中表示"七"，看看七匹狼品牌的英文。

60~69 岁的老人：sexagenarian，前缀 sex 在拉丁语中表示

"六"，参看一下航海仪器——六分仪的英文 sextant。

有人可能要问：那 100 多岁的老人，在英语中该怎么说？中文称 100 岁以上的老人为"期颐"或"百岁人瑞"，英文中也有一个单词：centenarian。前缀 cent 来自 century（世纪），centenarian 指活了一个世纪的人。

行星：众神的星空

太阳系的八大行星（按照与太阳的距离由近及远排列）依序为水星、金星、地球、火星、木星、土星、天王星和海王星。

行星的英文是 planet，一般指太阳系的行星。

太阳系外的行星叫系外行星，英文是 exoplanet，前缀 exo 是希腊语前缀，表示 outside，即"外面、外边"。

如果 planet 前面加定冠词 the，即 the planet（那颗行星），就是特指地球了，比如，"Elon Musk is the richest man on the planet.（埃隆·马斯克是地球上最富有的人）"。

类似的还有 sun 表示"恒星"，the sun（那颗恒星）指"太阳"；moon 表示"卫星"，the moon（那颗卫星）指"月亮"。

说回太阳系八大行星，我们把它们的英文名先说一遍：Mercury（水星）、Venus（金星）、Earth（地球）、Mars（火星）、Jupiter（木星）、Saturn（土星）、Uranus（天王星）和 Neptune（海王星）。

有人可能会习惯性地往下说：Pluto（冥王星）。注意，国际天文学联合会（IAU）在 2006 年正式定义行星概念，因为质量不够，冥王星被移除行星行列，被定义为矮行星（dwarf planet）。

顺便提一下，跟冥王星一并列为矮行星的还有谷神星（Ceres）和阋神星（Eris）。

英语国家的父母教小孩记忆这些行星的名称时有个口诀："My Very Educated Mother Just Served Us Nine Pizzas."。

你发现没有，这句话中各个单词的首字母就是包括冥王星在内的九个行星的英文首字母，这个口诀能起到提醒顺序和首字母的作用。

下面我们逐一来讲讲八大行星的英文名。

水星：Mercury

Mercury 这个名字来自罗马神话中的主神之一——墨丘利。他速度敏捷，是为众神传递信息的使者，说白了就是"跑腿的"。给水星定这个名字，也是因为水星的公转速度是八大行星中最快的，绕太阳一周只需约 88 天。

细心的同学也发现了，水银（也叫汞）的英文也是 mercury，因为水银是液态金属，为了突出它流动的特点，人们给它取了 mercury 这个名字。

金星：Venus

Venus 这个名字来自罗马神话中的爱与美之神维纳斯。人们以女神维纳斯为金星命名，主要是因为这颗星非常亮，在夜空中十分闪耀夺目。

地球：Earth

地球的英文名我们很熟悉——Earth。earth 的原意是"泥土"，首字母 e 大写或者前面加定冠词 the，指人类脚下的这片土地——地球。

你可能发现了，它是八大行星中唯一不以天神名字命名的行星，可能是因为人都生活在地球上，所以这颗星球的名字要接地气。

还有一个形容词专门表示"地球上的"——terrestrial，既然 terrestrial 表示"地球上的"，那么 extraterrestrial 就表示"地球外的，地外生命"，其缩写就是我们所熟悉的 ET。

火星：Mars

Mars 这个名字来自罗马神话中的战神玛尔斯。

因为战争往往离不开杀戮，而火星又正好呈红色，和象征着嗜血的战神不谋而合，因此西方人使用战神玛尔斯的名字来命名猩红色的火星。

在我国古代，火星被称为"荧惑"，因火星的亮度常常会发生变化，而且火星在天空中运动，有时从西向东，有时又从东向西，运行路线复杂，令人迷惑，所以荧惑有"荧荧火光，离离乱惑"之意。

木星：Jupiter

Jupiter 这个名字来自罗马神话中的朱庇特，他是罗马十二主神的头儿，对应希腊神话中的宙斯。因为木星是太阳系里体积最大的行星，人们自然而然地把它与主神联系在一起。后来人们才知道，木星是气态行星，虽然个头儿大，但其实是一团气，它的固态内核非常小。

这里顺便提一下，熟悉希腊神话的同学都知道，宙斯的私生活非常混乱，他有七个老婆、几十个情人以及无数个私生子，所以木星的几颗卫星的名字也是以这些神话人物的名字来命名的，比如木卫一（Io，伊娥）、木卫二（Europa，欧罗巴）、木卫三（Ganymede，盖尼米得），盖尼米得是一个美少男，在天庭负责为众神斟酒。

土星：Saturn

Saturn 这个名字来自罗马神话中的农神萨图恩（拉丁语为Saturnus）。这位萨图恩还是主神朱庇特的爸爸。

为什么用农神的名字命名土星，我没有查到明确的资料。这里我猜测一下，可能是因为有光环围绕的土星，特别像农民戴的草帽吧。

天王星：Uranus

Uranus 这个名字来自希腊神话中的天空之神乌拉诺斯。顺便一提，天王星也是八大行星里唯一以希腊神命名的行星。想必你会发现，距太阳越遥远的行星，名字越古老。如果说墨丘利、维纳斯、玛尔斯、宙斯是第三代神，那么这位乌拉诺斯就是第一代神，前面提到的萨图恩是第二代神。还有一位始祖神，叫盖亚，相当于中国神话中的女娲。

海王星：Neptune

　　Neptune 这个名字来自罗马神话中的海神尼普顿，对应希腊神话中的波塞冬（Poseidon）。尼普顿和波塞冬实际上算是和宙斯一辈的神，之所以给那么遥远的海王星取第三代神的名字，主要原因还是它的颜色。

　　海王星通体蓝色，非常像大海，所以人们便用海神的名字给它命名了。

　　这里考考大家：英文中有个有趣的说法，叫 Poseidon's kiss（波塞冬之吻），你知道是什么意思吗？

　　再来讲讲那个被"开除"的冥王星的名字——Pluto。

　　Pluto 来自罗马神话里的冥王普路托，对应希腊神话中的哈得斯。他掌管冥界，是灵魂世界的主宰者，相当于中国的阎王爷。

　　其实，宙斯、波塞冬和哈得斯是三兄弟，分别掌管天界、海域和冥界。

　　冥王星在九大行星中离太阳最远，用冥王的名字为之命名，足以体现它的遥远、阴森和可怕。

　　不过在 2015 年，美国的探测器"新地平线号"传回一张冥王星的照片，上面有一个大大的爱心！

　　最后，用一句最近我看到的十分惊艳的英文名言来结束本文："The universe was made just to be seen by my eyes.（宇宙如此铸就，只为我亲眼所见）"。

这句话跟王阳明的"你未看此花时，此花与汝心同归于寂；你来看此花时，则此花颜色一时明白起来"有异曲同工之妙！

你不去仰望星空时，星空与汝心同归于寂；当你仰望星空时，星空的魅力一时明白起来。

国家：土地、人和历史的交会

country 和 nation 我们都学过，都表示"国家"，虽然都翻译为"国家"，但内涵不同。另外，你或许还知道 state 这个单词也可以表示"国家"。我就为大家辨析一下 country、nation、state 表示"国家"时，到底有何区别。

首先来说说中国文化中"国家"的概念，中文里的"国家"是一个综合性、笼统性的概念，具有地理性、民族性和政治性三大要素。无论在哪一种语境中，我们都会用"国家"这个词，比如，这个国家幅员辽阔，这里的国家实际指"国土"；整个国家都在关注这一事件，这里的国家指"国民"；国家禁止走私，这里的国家实际上指"政府"。而在英语中，这三句话中的国家要用不同的词。

country

它来自拉丁语 terra contrata，就是"面前的土地"，所以 country 表示地理意义上的国家，有点像汉语里的"江山"。比如，江山如此多娇，可以译为 "This country is so beautiful."；这个国家地大物博，可以译为 "This country has vast land and rich resources."。

nation

这个单词来自拉丁语 natio，是民族意义上的国家，侧重强调国民。词根 natio 表示"出生"，很明显这是一个强调"人"的概念的词根。同样含有这个词根的 nationality，既可以表示"国籍"，又可以表示"民族"，都跟"人"有关。表示国家的 nation 的内涵是生活在同一片土地上，有共同语言、共同文化的一群人所组成的国家，是民族意义上的国家。

比如，整个国家都在关注这一事件，可以翻译为 "The whole nation is paying attention to this event."。又如，一位外国友人夸中国是一个伟大的国家，如果他说的是 "China is a great country."，侧重夸的是中国的地理环境很棒；如果说的是 "China is a great nation."，则侧重夸人、文化和历史。

state

它来自古法语 estat。estat 也是 estate 的词源，estate 在古代指"大片私有土地"。当然，在古代，土地都属于君主，有句话是"普天之下，莫非王土"，所以 state 一开始指"王土"，到了现代，侧重指"国家政权"。

说到这儿，你肯定想到了美国的英文名称——United States of America。States 翻译为"州"，这是因为美国实行联邦制。美国的州权力其实很大，甚至可以制定本州的法律，类似国中国，跟我国春秋战国时期的诸侯国的概念差不多，美国联邦政府相当于周天子，下面的五十州就相当于齐、秦、楚、燕、赵、魏、韩这些诸侯国。

其实，联合国的最佳英文名称应该是 United States，但因为美国已经使用了这个名称，所以联合国只能改称 United Nations。另外，像新加坡、梵蒂冈这样的国家，被称为 city state（城邦国家），是指这个国家就是由一座城市构成，state 表明了其独立主权国家的身份。

总而言之，state 是"政治意义上"的国家，侧重强调一国之政权、政府、国家机器等政治概念，所以当你翻译"国家禁止走私"时，译为"The state prohibits smuggling."更合适。

美国各州：族群和语言的流浪

　　最近我在《纽约时报》上读到一篇关于英语口音的文章——"Don't Lose Your Accent!"在英语学习过程中，许多人都会花费大量时间去训练所谓"地道""标准"的英式或美式口音，但这篇文章的作者却呼吁大家："不要放弃你的口音！"

　　作者是一名墨西哥裔美国人，喜欢听不同的口音，而且他认为母语是移民重要的文化遗产，也让美式英语变得丰富多彩。文中列举了许多单词来说明美式英语是如何得到丰富的，比如从意大利语中借来了 pizza（比萨）和 spaghetti（意大利面），从西班牙语中借来了 taco（塔可饼）、burrito（手卷饼）和 churros（西班牙油条），从美洲原住民的语言中借来了 kayak（皮划艇）、chipmunk（花栗鼠）、tobacco（烟草）、hurricane（飓风）等词。

　　说到外来语对美式英语的贡献，不得不提美国的州名。

　　这篇文章中提到一句话："More than half of America's

states owe their names to Native American origin.（美国一半以上的州名都源自美洲原住民的语言）"。

这句中有一个固定搭配"owe...to..."，意思是"归功于"。句子的字面意思是"美国一半以上的州将自己的名字归功于美洲原住民的起源"，即"美国一半以上的州名都源自美洲原住民的语言"。

那么，你知道美国 50 个州中，有哪些州的名字是源于美洲原住民的语言吗？

我数了数，总共有 27 个州，一起来看看吧!

1. 阿拉斯加州（Alaska, AK）

据说 Alaska 来自阿留申语 Alaschka，意思是"广袤的大地"。

2. 俄勒冈州（Oregon, OR）

俄勒冈州州名的来源说法不一，有一种说法称该州州名来自梭梭尼语 Origanum，指的是当地特产的一种药用植物。

3. 爱达荷州（Idaho, ID）

据说 Idaho 来自梭梭尼语 Eedahhow，意思是"山上的太阳升起来了"。有人认为，这是印第安人在隐喻当地山中存在黄金和各种金属矿藏。

4. 怀俄明州（Wyoming, WY）

据说 Wyoming 来自阿尔贡金语 Mache-Weaming，意思是"广阔的平原"。

5. 犹他州（Utah, UT）

据说 Utah 来自纳瓦霍语 Ute，意思是"高山上面"。

6. 亚利桑那州（Arizona, AZ）

据说 Arizona 来自西南印第安人部落的帕帕戈语 Arizon，意思是"稀有的泉水"。后来西班牙人来到了美洲大陆，他们在词尾加了 ae（拉丁语中表示地名），后来 e 被省略，剩下了 Arizona。

7. 新墨西哥州（New Mexico, NM）

据说 Mexico 一词来自阿兹特克人的语言，意思是"月亮的中心"。新墨西哥州是美墨战争时期美国从墨西哥抢来的土地，遂直接起名新墨西哥。

8. 得克萨斯州（Texas, TX）

据说 Texas 来自喀多人的语言 Texia，意思是"友好的"。西班牙殖民者最初到达此地，向印第安人打听这里属于哪个部落，得到的回答是 Texia。那些印第安人以此来表明自己并不是和欧洲人敌对的阿帕奇部落。西班牙人误以为这是部落名，因此将此地称作 Texia，后演变为 Texas。

9. 北达科他州（North Dakota, ND）

据说 Dakota 来自苏族人的语言 Dakota，意思是"真正的勇士、真正的男人"。苏族是美国北部的一个强大的印第安部落，他们对自己部族的称呼就是 Dakota。

10. 南达科他州（South Dakota, SD）

South Dakota 和 North Dakota 的来源相同。

11. 内布拉斯加州（Nebraska, NE）

据说 Nebraska 来自奥马哈语 Nibthaska，意思是"到处漫延的河流"。

12. 堪萨斯州（Kansas, KS）

据说 Kansas 来自苏族的语言 Arkansa 或 Kanza，意思是"南风吹来之处的居民"。苏族这个十分强大的印第安人部落居住在密西西比河的上游，在苏族的语言里，对居住在下游的那些小部落的称呼就是 Arkansa。

13. 俄克拉何马州（Oklahoma, OK）

据说 Oklahoma 来自乔克托语 Oklahumma，意思是"红皮肤的人"。这个名字是当地的一位印第安酋长和美国政府签署条约的时候起的，后来开始通用，并正式成为州名。

14. 明尼苏达州（Minnesota, MN）

据说 Minnesota 来自苏族人的语言 Mnisota，意思是"天蓝色的水"。

15. 艾奥瓦州（Iowa, IA）

据说 Iowa 来自苏族人的语言 Ayuhwa，意思是"懒人"，是苏族人对一个位于现在艾奥瓦州境内的邻近部落的蔑称。

16. 密苏里州（Missouri, MO）

据说 Missouri 来自阿尔贡金语 Missouri，意思是"淤泥河"，指密苏里河。

17. 阿肯色州（Arkansas, AR）

据说 Arkansas 和 Kansas 拥有相同的词源，都来自

Arkansa。

18. 威斯康星州（Wisconsin, WI）

据说 Wisconsin 来自奥杰布瓦语 Quisconsin，意思是"从红色的地方流过的河"。

19. 伊利诺伊州（Illinois, IL）

据说 Illinois 来自当地的部落名 Illiniwek，简称 Illini，意思是"战斗的民族"。后来法国人来了，在词尾加上了 ois（法语中表示"某处的居民"），成为 Illinois。

20. 肯塔基州（Kentucky, KY）

据说 Kentucky 来自易洛魁语 Kentake，意思是"鲜血染红的土地"。该州曾经是各大印第安人部落反复争夺之地，发生过不少恶战，因此得名。

21. 田纳西州（Tennessee, TN）

据说 Tennessee 来自切罗基语 Tanasee，意思是"歪耳朵部落"。

22. 密西西比州（Mississippi, MS）

据说 Mississippi 来自齐佩瓦语 Mica Cibi，意思是"广大的河"，指的就是密西西比河这条北美洲流量最大的河流。后来被法国人根据读音转写为 Mississippi。

23. 亚拉巴马州（Alabama, AL）

据说 Alabama 来自西南印第安人部落的乔克托语 Alibamule，意思是"灌木丛的清理者"。

24. 密歇根州（Michigan, MI）

据说 Michigan 来自奥布吉瓦语 Mica Gams，意思是"广大的水域"，指的就是美国五大湖，后被法国人根据读音转写为 Michigan。

25. 俄亥俄州（Ohio, OH）

据说 Ohio 来自易洛魁语 Oheo，意思为"雄伟壮观的"，原本用于形容俄亥俄河。

26. 康涅狄格州（Connecticut，CT）

据说 Connecticut 来自美国东北部的莫西干语 Quinnituqut，意思是"海潮倒灌的河流"。后来该地建成英属殖民地，英国人根据发音和英文的习惯，将该词改写成 Connecticut。

27. 马萨诸塞州（Massachusetts, MA）

据说 Massachusetts 源自马萨诸塞原住民部落语言中的 Massachuseuck 一词，其中 massa 源自 muhs，意为"大的"；chuset 源自 wachuwees，意为"山丘"。因此，Massachusett 这个词大致可以翻译为"靠近大山的地方"或"附近有大山的地方"，一般认为指的是现今波士顿以南的大蓝山地区。

接下来，我再和大家聊聊美国其他 23 个州的州名来历。

一、来自英语

1. 北卡罗来纳州（North Carolina, NC）和南卡罗来纳州（South Carolina, SC）

Carolina 是 17 世纪初殖民者根据英国查理一世国王的名字 Charles 的拉丁语写法 Carlus 并结合英文习惯改写而来的。

2. 特拉华州（Delaware, DE）

Delaware 源于一位英国驻弗吉尼亚殖民地的总督——特拉华爵士（Lord de la Warr）。为了符合英文的习惯，人们将 de la Warr 合并为 Delawarr，并最终确定州名为 Delaware。

3. 佐治亚州（Georgia, GA）

得名于英国国王乔治二世（George II）。

4. 马里兰州（Maryland, MD）

Maryland 以 17 世纪初建立殖民地时英王查理一世的妻子、英国王后亨利埃塔·玛丽亚（Henrietta Maria）的名字命名，意思是"玛丽亚的土地"。

5. 新罕布什尔州（New Hampshire, NH）

Hampshire 是英国本土的汉普郡。17 世纪到达新罕布什尔州的英国殖民者里，来自汉普郡的人比较多，因此人们便将此地命名为"新罕布什尔"，直译即"新汉普郡"。

6. 新泽西州（New Jersey, NJ）

Jersey（泽西岛）是英吉利海峡里的一个岛屿的名称。17 世纪来到新泽西州的总督里，有一位来自泽西岛，因此便把这里叫作"新泽西"。

7. 纽约州（New York, NY）

1664 年，当时的约克公爵（Duke of York）从荷兰人手中夺下了纽约州的土地。英王便将这片土地赐予了他，并以他在英国的原封地约克郡（Yorkshire）来命名这个地方。

8. 宾夕法尼亚州（Pennsylvania, PA）

贵格会①的领袖威廉·佩恩（William Penn）率先开发了这片位于东海岸的树林，并将其命名为 Pennsylvania。其中 Penn 为威廉·佩恩的姓氏，而 sylvania 在拉丁语中意为"树林"，合起来就是"佩恩家的树林"。Penn 最初来自威尔士语，有"高地"的意思，因此 Pennsylvania 也可以理解为"高处的树林"。由于宾夕法尼亚西部位于阿巴拉契亚山的阿勒格尼高原，因此其州名也形成了一个很巧的一语双关。

9. 弗吉尼亚州（Virginia, VA）和西弗吉尼亚州（West Virginia, WV）

英国女王伊丽莎白一世因终身未嫁被称作"童贞女王"（Virgin Queen）。16 世纪美洲殖民地建立后，英国殖民者为了向伊丽莎白女王致敬，便将其中一片土地命名为 Virginia，即"童

---

① 贵格会是兴起于 17 世纪中期的英国及其美洲殖民地的基督教新教宗派，"贵格"是英语 Quaker 的音译。该教派的特点是没有成文的教义，认为教会和《圣经》都不是绝对权威，信徒可以直接和上帝沟通，无需任何中介。17 世纪七八十年代，贵格会成员大批向美洲移民，主要分布在宾夕法尼亚州。（本书脚注均为编者注）

贞女王的土地"。西弗吉尼亚是在美国南北战争前从弗吉尼亚州分裂出来的。

10. 华盛顿州（Washington, WA）

1853 年为了纪念美国开国总统乔治·华盛顿而命名。这是唯一和独立后的美国历史有关系的美国州名。

二、来自法语

1. 印第安纳州（Indiana, IN）

印第安纳州最初为法国殖民地，Indiana 就是"印第安人居住的地方"的意思。

2. 路易斯安那州（Louisiana, LA）

为了纪念法国路易十四国王（Louis XIV），1681 年，法国在北美的大片殖民地被命名为 Louisiana，意思是"路易的土地"。后来路易斯安那被拿破仑卖给美国，之后分裂成多个州，其中最南部的州沿用了路易斯安那这一名称。

3. 缅因州（Maine, ME）

法国也有地名叫作缅因。法国殖民者来到北美洲的这片土地之后，将这里以故土命名。

4. 佛蒙特州（Vermont, VT）

vert 在法语中的意思是"绿的"，mont 的意思是"山"，合起来就是"绿山"。当时法国人初到此处时，阿巴拉契亚山的植被特别茂盛，因此有了这个名字。

三、来自西班牙语

1. 加利福尼亚州（California, CA）

　　California 这个名字是首先到达半岛的西班牙探险家埃尔南多·科尔蒂斯起的。California 是从一本西班牙探险小说里借用的虚构地名。小说里，California 是亚洲印度河的一个岛屿，和理想之国离得不远。再追根溯源，这本小说的作者奥尔多内斯·德·蒙塔尔瓦在创作这部作品时，把该岛设定为一个气候炎热且干燥的地方，其地名为西班牙语中 caliente 和 fornalla 的结合变体，意思为"热的火炉"。埃尔南多·科尔蒂斯来到墨西哥和美国的西海岸，就把加利福尼亚湾以西的炎热干燥的土地当作了小说中的岛屿，California 因此而得名。

2. 科罗拉多州（Colorado, CO）

　　该州境内的大河科罗拉多河因为富含黏土沉积物，河水呈现红色，因此被早期到达当地的西班牙人叫作 colorado，意思是"有颜色的河流"。

3. 佛罗里达州（Florida, FL）

　　这个名字最初是由西班牙人胡安·庞塞·德莱昂提出的。他于 1513 年复活节的那天乘船抵达了佛罗里达海岸，而那天又正好是周日。这样的日子在西班牙语里被称为 Pascua Florida，意为"开花的复活节"，于是他就以 Florida 来命名这片土地。

4. 蒙大拿州（Montana, MT）

　　该州名出自西班牙语的 montaña 一词，意思是"山区"。

5. 内华达州（Nevada, NV）

该州名出自西班牙的内华达山脉（Sierra Nevada），nevada 意为"积雪的"。后被用作州名。

四、来自波利尼西亚语

夏威夷州（Hawaii, HI）

该州名源自波利尼西亚语，最初写作 Owykee，意思是"神的住处"。据说这里的神指的是夏威夷岛上的两座火山——基拉韦厄火山和冒纳凯阿火山。

五、来自荷兰语

罗得岛州（Rhode Island, RI）

Rhode 一词来自荷兰语的 roode，意思是"红的"，因为岛上盛产红色黏土，故得此名。

自然
的
情思

2

The
Sentiments
of Nature

茄子：像天鹅蛋一样的"石头"

相信大家在背英语单词时，一定对"茄子"这个单词产生过疑问：eggplant 不是 egg（鸡蛋）和 plant（植物）的合成词吗？那它为什么会是"茄子"的意思呢？

茄子跟鸡蛋有什么关系呢？eggplant 里的 egg 从何而来？

今天我就带大家打破砂锅问到底。遇到这种问题时，我们还是查一查词源。在网络上输入 eggplant etymology，我们看看搜索出来的结果。

The name of eggplant was given by Europeans in the middle of the eighteenth century because the variety they knew had fruits that were the shape and size of goose eggs.（eggplant 这个名称是 18 世纪中叶由欧洲人取的，因为他们当时所知道的茄子品种的形状和大小与鹅蛋相似。）

注意：句中的从句部分有个词——variety，这里指"（植物的）品种"。

In Britain, it is usually called an aubergine, a name which was borrowed through French and Catalan from its Arabic name al-badinjan.（在英国，它经常被称作 aubergine，这个名字是从法语和加泰罗尼亚语中借过来的，其源头是阿拉伯语中的 al-badinjan。）

所以，茄子在英语中有两种说法：eggplant 和 aubergine。其实指的是同一种东西，只是来源不同，前者是欧洲人取的，比较接地气；后者来自阿拉伯语。但 eggplant 显然更好念、更好记，所以它也成了人们更多使用的单词。

词源解释到这里就结束了，但萦绕在我脑海里的另一个问题是：茄子不是长条形的吗，怎么就"形状和大小与鹅蛋相似"了？

我估计不少读者看到这里也会蒙：茄子不是圆形的吗，你怎么说是长条形的？

　　这里存在一个地域差异：长茄子和圆茄子都是茄子，但属于不同的品种。在我国南方地区多种植长茄子，北方地区多种植圆茄子。估计 18 世纪的欧洲人见到的是圆茄子，所以便将它命名为 eggplant 了，但如果他们见到的是长茄子，是否会将它命名为bananaplant?

　　不过历史没有假设，当年欧洲人见到的就是圆茄子，所以现在 eggplant 也成了茄子的英文统称，不管是圆的还是长的。

薄荷：关于爱情还是金钱

你有没有注意过，口香糖的一种常见口味是薄荷味（mint），比如，绿箭口香糖的英文名是 Doublemint，直译过来就是"双重薄荷"。

其实，mint 除了表示"薄荷"，还有"铸币厂"的意思，还可以直接表示"钱"，比如，make a mint 意为"赚大钱"，cost a mint 意为"耗费巨资"。

薄荷和钱，两个八竿子打不着的含义，为什么都是 mint 呢？今天我就跟大家聊一聊。先说结论：两个不同的词源最终演化成拼写同一个词了。

表示"薄荷"的 mint，源自拉丁语 mentha，其源头是希腊神话中的水泽仙子 Minthe（明塔），她是冥王哈得斯的情妇，后来被冥后，也就是哈得斯之妻珀耳塞福涅发现，珀耳塞福涅怒火中烧，便把明塔变成了不起眼的小草任人踩踏。哈得斯无法解除这个诅咒，只好赐予其清香，每当有人踩踏这株小草时，就会散发出清香，让他闻香以解相思之苦。这就是 mint 一词"薄荷"含义的由来。

再来看表示"钱"的 mint，这一含义源自拉丁语 moneta，表示"钱"。你可能会发现，这个拉丁语词跟现代英语中的 money 一词很像。Moneta 最初是古罗马女神朱诺（Juno）的别名，朱诺是古罗马神话中的天后，地位非常高，相当于希腊神话中的赫拉。

为什么她的别名是 Moneta，以及这个词是如何跟钱挂上钩的呢？相传在古罗马时期，北方的高卢蛮族大举进攻罗马，罗马的首领和守军被迫退到罗马城内最高的卡匹托尔山死守。一天晚上，高卢人摸黑从悬崖爬上山，试图偷袭。就在这生死存亡的紧要关头，山顶的朱诺神殿里养的几只鹅突然大叫起来，惊醒了罗马人，挫败了高卢人的偷袭。

罗马人认为是朱诺女神化身为鹅，在紧要关头发出警示，拯救了罗马。为了表示感谢，罗马人给朱诺女神起了一个别名——Moneta（警示女神）。顺便说一下，Moneta 的词根是 mon（表示"警示"），比如 monument（纪念碑），其本质就是用于警示后人的；Moneta 末尾的 a 是阴性名词后缀，在这里表示"女神"。

后来，罗马人建造的第一个铸币厂的位置就在朱诺神殿旁，目的就是得到朱诺的庇护，而朱诺的别名 Moneta 也最终与金钱联系在一起。古罗马时代的钱币上也能看到朱诺的神像，以及她的别名——Moneta。

回到 mint 这个词。它的两个不同的源头——表示"薄荷"的 mentha 和表示"钱币"的 moneta，在长期演变中，最终形成了相同的词——mint。这就像两个源头不同的繁体字，最终演变为同一个简体字了，比如，台风的"台"和台湾省的"台"，简体字都一样，但繁体字分别为"颱"和"臺"。所以，看到一个单词具有两个八竿子打不着的含义时，大概率是因为这两个不同的含义"词源不同，拼写巧合"。

皮：从水果皮到脸皮

英文中有句谚语，"Beauty is only skin-deep.（美丽是肤浅的）"。skin-deep 直译为"像皮肤那样厚的"，也就是"肤浅的"。skin 是很薄的，无论指人的皮肤还是某些水果的皮，都可以用 skin 这个词，比如 apple skin（苹果皮）、pear skin（梨子皮）、cucumber skin（黄瓜皮）、grape skin（葡萄皮）——这些果蔬的皮都很薄，而且可以食用，所以用 skin。

但有些水果的外皮比较厚，需要剥离，此时就要用 peel 一词了，例如 banana peel（香蕉皮）、orange peel（橘子皮）、lemon peel（柠檬皮）。还有一些大型水果外边的皮更硬、更厚，此时要用 rind 一词，例如 watermelon rind（西瓜皮）、durian rind（榴梿皮）。

上面列举的都是水果的外皮，那么馄饨、饺子的皮，英文该怎么说呢？要用 wrapper 这个词。wrapper 来自 wrap（vt. 包裹），因为馄饨皮、饺子皮本质上属于包裹馅儿的东西，所以称为

wrapper。包装袋也可以用 wrapper。

还有一些"皮"的质地太坚硬以至于不能被称作"皮",而应该叫"壳",英文是 shell,比如 egg shell(鸡蛋壳)、peanut shell(花生壳)、coconut shell(椰子壳)。

最后,还有一种皮比较特殊。很多人不爱吃比萨最外圈的皮,这个"皮"在英语中称为 crust,三明治、面包最外边也有这种皮,都用 crust 这个词。

给大家总结一下。

1. 可直接吃的果蔬皮——skin

示例:apple skin(苹果皮)、pear skin(梨子皮)、peach skin(桃子皮)、grape skin(葡萄皮)、cucumber skin(黄瓜皮)。

2. 需要剥掉的水果皮——peel

示例:banana peel(香蕉皮)、orange peel(橙子皮)、lemon peel(柠檬皮)、grapefruit peel(西柚皮)。

3. 坚硬的"皮"(壳)——shell

示例:chestnut shell(栗子壳)、walnut shell(核桃壳)、peanut shell(花生壳)、crab shell(螃蟹壳)、shrimp shell(虾壳)、egg shell(鸡蛋壳)。

4. 大型水果的硬皮——rind

示例:watermelon rind(西瓜皮)、cantaloupe rind(蜜瓜皮)、orange rind(陈皮)。

5. 有馅面食的皮——wrapper

示例：dumpling wrapper（饺子皮）、wonton wrapper（馄饨皮）、spring roll wrapper（春卷皮）。

6. 无馅面食的皮——crust

示例：steamed bun crust（馒头皮）、bread crust（面包皮）、pizza crust（比萨外圈的皮）。

说完这些，你会不会好奇"脸皮厚"该怎么说？是 face rind 吗？

其实，rind 只能用来指厚的果蔬皮，不能描述人的厚脸皮。

下面就给大家整理一些"厚脸皮"的地道英文说法。

1.thick-skinned

这个词很好理解，thick 是"厚的"，skinned 是 skin（脸皮）的形容词变体，thick-skinned 就是"脸皮厚的"。形容一个人死猪不怕开水烫，就可以说"Somebody is thick-skinned"。反之，"脸皮薄"可以说 thin-skinned。

2.cheeky

cheeky 来自名词 cheek（面颊，通俗来说，就是"脸皮"）。英语中，"名词 +y"这种构词法，表示这个带 y 的单词具备跟这个名词相关的特征。比如，leg 是"腿"，leggy 表示"腿长的"；hair 是"毛发"，hairy 就是"多毛的"；hand 表示"手"，handy 就表示"手巧的"；mouth 表示"嘴"，mouthy 就表示"多嘴的"。同理，cheek 是脸皮，cheeky 就表示"脸皮厚的"。

3.shameless

shameless 由名词 shame 变化而来，shame 表示"羞耻、羞愧"，shame on you 表示"你真不知羞耻"；在 shame 后面加上表"无、没有"的后缀 -less，shameless 就是"不知羞耻的"意思。提醒一下，这个词表示"不知羞耻的"，程度比"脸皮厚的"要深，建议不要轻易使用。

4.brazen

brazen 来自 brass（黄铜），用 brazen 形容一个人脸皮厚很形象，就好比那个人的脸镀了一层铜，刀枪不入。电视剧中，诸葛亮的名言"我从未见过如此厚颜无耻之人"，就可以翻译为"I've never seen such a brazen person."。

牵牛花：清晨的第一缕荣耀

一天，我在路边看到一朵小小的牵牛花，很好看。出于英语老师的本能，我顺手查了一下牵牛花的英文——morning glory。

为什么牵牛花叫 morning glory？其中是有原因的。我们先来看看 morning glory 的英文释义。

A climbing plant often cultivated for its showy trumpet-shaped flowers, which typically open in the early morning and wither by midday.（牵牛花是一种藤蔓植物，因为其艳丽的喇叭状的花朵而经常被人们栽种。牵牛花通常在清晨开放，在正午前萎缩。）

注意这一部分：typically open in the early morning and wither by midday。所以，牵牛花被称为 morning glory 是很形象的。

在日语中，牵牛花也有个好听的名字，叫朝颜，即"迎着朝阳的容颜"。

知道了牵牛花的英文，我再给大家补充一些英文名很美或很有意思的花。

昙花：queen of the night（夜女王）

野生三色堇：johnny-jump-up（强尼跳起来）

满天星：baby's breath（宝贝的呼吸）

银莲花：wind flower（风之花）

鸳鸯茉莉：yesterday-today-tomorrow（昨天—今天—明天）

野胡萝卜花：Queen Anne's lace（安妮女王的蕾丝）

蜡梅：wintersweet（冬日甜心）

秋葵：像那淑女的手指

有读者问我，秋葵的英语为什么是 lady's finger（女士的手指）?

我也很好奇，因为秋葵的英语名称在我脑海中一直是 okra。

这一问，我立马进行了图片搜索，结果发现 lady's finger 还真的是秋葵。

我顺便查了一下为什么秋葵又被称为 lady's finger。

其实答案也没有什么玄乎的，纯粹就是它俩长得像：

Okra resembles fingers and because it's pretty slim and in delicate shape, so it is called Ladies' Fingers.（秋葵长得像手指，外形纤细，造型精致，所以被称为"淑女的手指"。）

注意动词 resemble，表示"似、像"。

无独有偶，我最近还学到了一个特别形象的英文说法。

虎尾兰是一种常见的草本植物，你知道它的英文名称吗？

虎尾兰的学名叫 Dracaena trifasciata，这个名字特别难记，但我相信它的别名你一辈子都不会忘记——mother-in-law's tongue。

mother-in-law 表示"姻亲关系的妈妈",也就是"丈母娘"或"婆婆",tongue 表示"舌头"。

所以,mother-in-law's tongue 的字面含义就是"婆婆的舌头"或"丈母娘的舌头"。

我查了一下这个词的英文解释。

The name, mother-in-law's tongue, refers to the pointed tips of the leaves, which symbolizes the sharp tongue of the mother-in-law!(这个名字指的是这种植物尖尖的叶子,象征着丈母娘或婆婆的"刀子嘴"!)

这个解释并没有说透这个词究竟是怎么来的,我估计是哪个国外的儿媳(或女婿)跟婆婆(或丈母娘)闹矛盾,一言不合便把这种植物命名为"婆婆(或丈母娘)的舌头",深得其他人共鸣,便传开了。

我敢打包票,下次当你看到秋葵和虎尾兰时,脑子里一定会蹦出 lady's finger 和 mother-in-law's tongue!

茶：改变世界的树叶

最近，有一位读者问我：为什么 for all the tea in China 是"天大的好处"的意思？这是他在一本英文词典的 tea 词条下，发现的一个跟中国有关的表达。我也查了一下，还真查到了 not for all the tea in China 这个表达，表示"不会为了很大的奖励（而去做某事）"。

我们来看一个例句。

I wouldn't do your job. Not for all the tea in China!（我不会干你这份活儿的，哪怕有天大的好处！）

不过，词典里也标注了 old-fashioned，表示这是一个老式的用法，不过现在仍然在使用，比如作为书名、歌曲名，以及印在茶壶上。

为什么 for all the tea in China 表示"天大的好处"？让我带你看透语言背后的故事。

这个世界上酷爱饮茶的不只有中国人，还有英国人。英国人享用下午茶（afternoon tea）的生活方式也影响了全世界，英语中也有很多跟 tea 有关的短语，比如：

...is my cup of tea：……合我的胃口

a storm in the teacup：大惊小怪

sipping tea：品茶，可引申为"吃瓜 ①"

众所周知，中国是最早开始喝茶的国家，而一位葡萄牙女性，让喝茶在英国广泛传播。1662 年，一位来自葡萄牙的公主嫁给了英国国王查理二世，她就是凯瑟琳公主。这位公主酷爱喝茶，堪称当时中国茶叶的"带货一姐"。

贵妇们想融入凯瑟琳的社交圈，便纷纷模仿她的饮茶习惯，让茶叶成了当时抢手的尖货（sought-after goods）。

当时茶叶的价格高得惊人，除了上流社会的人，普通人是负担不起的。

当时的贵妇们请朋友喝茶，必须配上精美昂贵的瓷器，就像展示最新款的手机一样。瓷器和茶叶的出口为当时的中国赚取了大量的利润，也为后来鸦片战争的爆发埋下了祸根。这是后话了。

英国人一般喝的是红茶，红茶的英文叫 black tea，很多人会问：black tea 不是黑茶吗？

其实，第一批从中国运到英国的茶是福建的武夷山红茶，这种茶叶的外观就是黑色的，英国人就把它们直接称为 black tea

---

① 吃瓜：网络用语，指围观、看热闹。

了，但其实这种茶属于红茶。当时英国的茶叶堪比黄金，那 all the tea in China（所有中国的茶）可不就是"天大的好处"吗？

后来还发生了一件事，1773 年，北美抗议者不满英国政府的压榨，在波士顿港口将一箱又一箱的茶叶倾倒于海中。

这些茶叶可都是英国政府的心头肉啊！可以说这起"波士顿倾茶事件"是殖民地与英国政府间矛盾爆发、引发美国革命的重要导火索。历史就是很奇妙，小小的中国茶叶，竟然改变了世界格局。

英文中还有一个短语跟 all the tea in China 差不多，就是 all the coffee in Colombia。

哥伦比亚咖啡很有名，有句英文名言是"All the coffee in Colombia won't make me a morning person.（所有哥伦比亚的咖啡都无法让我变成一个早起的人）"，用于形容某人爱睡懒觉。

最后给大家科普一下各类茶叶的英文表达。

green tea：绿茶（不发酵茶）

white tea：白茶（微发酵茶）

yellow tea：黄茶（轻发酵茶）

oolong：青茶；乌龙茶（半发酵茶）

black tea：红茶（全发酵茶）

dark tea：黑茶（后发酵茶）

鸳鸯：官话、长官和橘子

最近，我难得来西湖边逛逛，拍到了蜗牛、麻雀、松鼠、鸳鸯……发现跟大自然相处、跟小动物相处超级治愈、超级解压，而且让我工作灵感爆棚！

不过，看到这些小动物，我的"职业病"又犯了，想跟大家聊聊它们的英语。蜗牛、麻雀、松鼠的英语很简单，分别是snail、sparrow、squirrel，这里就不多解释了。

我想跟大家具体聊的是鸳鸯的英语。它真的特别有意思，是mandarin duck。

是不是有人会说：只有说普通话的鸭子才配叫鸳鸯？

下面就跟大家聊聊 mandarin duck 这个奇特的名字。

duck 我们都认识，表示"鸭子"。鸳鸯确实属于鸭科，只不过和鸭子相比有着漂亮的颜色。

接下来我重点讲讲 mandarin。我搜索了一下 mandarin 的图片，找到了三种搜索结果：官话、鸳鸯和橘子。

你可能认为这三样东西风马牛不相及，我查了词源并做了一番研究，发现这三样东西还真的有关系，而且能串联出一段历史，特别有意思。

故事还得从明朝说起。当时葡萄牙开始跟中国接触并通商，澳门就是在那个时候慢慢被葡萄牙人侵占的。

那时，葡萄牙人管中国的大官叫 mandarim，这个词来自马来语里的 mantri，mantri 又来自梵语里的 mantrin。

而梵语中的 mantrin 指 counsellor（顾问）、minister（部长），也就是比较大的官。

这么一来二去，葡萄牙人对中国大官的称呼 mandarim 渐渐进入了英语，后被转写成了 mandarin。

而那时中国大官讲的话自然就是官话，"官话"一词遂在英语中也用 mandarin 来表示了。

说到这里，我们已经搞清了为什么 mandarin 指"大官，官话"，下面讲讲为什么这个单词还可以表示"鸳鸯"和"橘子"。

我们发现，《牛津词典》里对于 mandarin 的第四条释义为：

a type of small orange with loose skin that comes off easily.（一种皮较松、易剥离的小型橘子。）

词源词典这样解释 mandarin 和橘子的联系：

the color of the fruit being similar to the official's yellow robes.（这种水果的颜色跟大官的袍子颜色相似。）

两个含义产生联系的竟然是颜色。换句话说，mandarin 可以指橘子仅仅是因为橘子跟中国明朝大官的官服撞色……

我还特地研究了一下明朝官服，发现四品以上官员的官服是绯色，颜色与深橘色相近。

而 mandarin duck 表示"鸳鸯"的原因也是鸳鸯的羽毛是五颜六色的，而最明显的色块是橘色。

蜻蜓、蝴蝶和瓢虫：
龙、黄油和女士都会飞

为什么蜻蜓叫"龙飞（dragonfly）"？

为什么这个单词里含有 dragon？

我查了一下这个词的来源，有很多说法，其中最流行的说法来自罗马尼亚的一个民间传说。

当时欧洲有一个非常著名的骑士，叫圣乔治（St. George），他就是那个骑着白马杀死恶龙，救出公主的屠龙勇士。据说圣乔治屠龙之后，他的坐骑，也就是那匹白马，被魔鬼下了咒，变成了一只巨大的蜻蜓。

人们便称之为"魔鬼之蝇（Devil's fly，苍蝇的英文是fly）"，因为恶魔（devil）和恶龙（dragon）在罗马尼亚语中都是 drac，所以 devil's fly 在转写成英语的时候，就阴错阳差地变成了 dragonfly。

顺便说一下，dragonfly 里面的 dragon 指的是西方概念里的

"恶龙"，而不是中国的龙。

西方的龙是恶魔的化身，而中国的龙是吉祥的化身，这是一个巨大的文化差异，所以有学者倡议把中国龙翻译为 loong，而非 Chinese dragon。

为什么蝴蝶是"黄油飞（butterfly）"？

butter 表示"黄油"，fly 表示"飞"，那么蝴蝶跟黄油有什么关系呢？

相传在很久以前，早春时节，居住在英国郊区的人们可以在森林中看到飞翔的黄粉蝶。在阳光的照射下，这些黄粉蝶就如"飞舞的黄油"一般，于是蝴蝶就被命名为 butterfly 了。

为什么瓢虫是"女士鸟（ladybird）"？

瓢虫的英文名称有两个，在英式英语中叫 ladybird，在美式英语中叫 ladybug。

不管是 ladybird 还是 ladybug，里面都有一个 lady，为什么瓢虫和"女士"扯上关系了呢？

ladybird 这个说法起源于英国，一开始叫 our ladybird。

这里面的 Our Lady 是一个专有名词，特指圣母马利亚。这是因为圣母马利亚在早期的各种画像里都是身穿红色斗篷的，而瓢虫红色的甲特别像圣母的红斗篷，于是人们就管这种昆虫叫 our ladybird 了。

但这种叫法比较啰唆，后来就慢慢演变为英国的 ladybird 和美国的 ladybug 了。

牛、牛肉：两个国家与两个阶层

恐怕连小孩都知道，牛和牛肉的英文单词是不一样的，表示动物的牛是 cow 或 ox，牛肉是 beef。

中文表达就没有这么大差异，牛和牛肉都用"牛"这个字，甚至我们还会用"牛"来指代"牛肉"，比如某些人会说"我挺爱吃牛的"。但在英文中，牛和牛肉的区别很大，你总不能在餐厅里对服务生说"I'd like to eat a cow"吧？

热爱死磕英语的侃哥就带领大家探究一下 cow 和 beef 的奥秘，顺便讲解一些历史知识。

我们都知道英语起源于英国，但古代欧洲各国其实没有非常清晰的"国家"概念，一个国家的公爵可以做另一个国家的皇帝。

比如，英国的诺曼底王朝，就是来自法国的诺曼底公爵——威廉一世建立的，此后的金雀花王朝（在法国称安茹王朝）也是由法国贵族建立的。于是，不断有法国的贵族搬到英国生活。渐渐地，在英国就形成了两套语言体系：国王、贵族、上流社会说法语，普通老百姓说"盎格鲁－撒克逊语"（Anglo-Saxon），我们可以把它看作"原生英语"。

但这两个阶层的人总要交流，于是英语和法语也慢慢地交融在一起，但还是有所区分。比如，法国贵族带来的那些与上流社会相关的词都用法语词，诸如与政治、军事、法律、艺术、美食等有关的词；而"粗鄙"的，多是一些基本生活词汇，通常用"盎格鲁－撒克逊语"。

请你猜一猜，下面哪些单词来自法语？

royal, house, army, tree, literature, battle, design

答案揭晓：只有 house（房子）和 tree（树）是本土英语，royal（王室）、army（军队）、literature（文学）、battle（战斗）、design（设计）都来自法语。

再回到文章一开始提到的"牛"的问题。

cow 这个词指活生生的、生活在牛棚里的牛，属于原生英语；而牛被屠宰后，经过大厨烹饪，最后成为餐桌上的美食，作为美食的牛肉就要用 beef 这个单词了，这是一个法语词。对了，作为食物的牛排——steak 一词同样来自法语。

除了牛和牛肉，其他很多单词也有同样的规律。比如，猪是 pig，猪肉是 pork；羊是 sheep 或 goat，而羊肉则被称为 mutton；鹿是 deer，而餐桌上的鹿肉就是 venison。

下图向大家展示了英语单词的几大来源。来自拉丁语（包括仅应用于科学／医药／法律文本的词）和法语（包括盎格鲁-法语）的单词各占29%，来自日耳曼语（古／中古英语、古诺尔斯

Origin of English Words

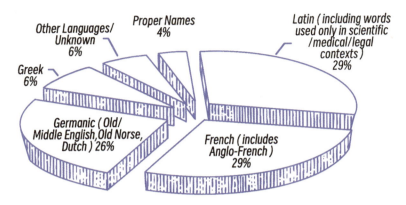

语、荷兰语）的单词占 26%，来自希腊语和其他语言的单词各占 6%，专有名词占 4%。

最后，我们聊聊英语生命力的问题。

英语毫无疑问是全球生命力最强的语言之一，几乎每个国家的人都在学英语，从某种程度上说，英语已经成为世界通用语。如果一个中国人去日本旅游，不会说日语没有关系，因为可以用英语跟日本当地人实现简单交流。

这一局面的形成除了跟英国的全球扩张有关，还跟英语"拿来主义"的特性有关。但凡英语中没有的概念，就直接借用原产地的语言。比如，英语中没有"海啸"一词，就借来了日语单词 tsunami；英语中没有"咖啡"一词，就从土耳其借来了 coffee；英语中没有"孔子"一词，就从汉语中借来了 Confucius。英语一千多年来的发展见证了世界各国文明的碰撞和融合，同时催生出了这门语言强大的生命力。由此可见，强大的生命力在于包容和吸收，而非排斥和打压。

　　语言如此，做人亦如此。

根汁饮料：全球化肯德基的一份"古老"传统

　　我的公众号后台经常会收到稀奇古怪的问题，挺好玩的。比如，曾有位读者问我：肯德基装饮料的纸杯杯盖上，从左至右有四个单词：diet、root、beer、other。这四个单词中的 root 到底是什么意思？

　　去肯德基吃顿饭，还拿着杯子研究，这种求知若渴的精神十分值得我们学习。

　　说实话，看到这个问题，我也有点蒙。我常去肯德基，但从来没关注过饮料杯的杯盖……

　　我先回答一些我知道的和我推测的。

　　1.beer 表示"啤酒"，我想大家都很熟悉这个单词。

　　2. diet 这个单词大家应该也很熟悉，表示"节食"。我们在商店里买到的健怡可乐和零度可乐，英文就叫 diet coke，即"不含糖的可乐"。肯德基饮料杯盖上的 diet 应该指的是"无糖可乐"。

3. 既然 beer 和 diet 都是喝的，那么 other 应该也是指某种饮料。

最令人纳闷儿的是杯盖上的 root，表示"植物的根"？"基础"？这跟食物、饮料扯不上任何关系呀。

其实我本来想搪塞一下这位读者，告诉她"我也不知道"，但我的内心深处还是被她的求知欲触动了。

为了给她一个满意的答复，我专门跑到一家肯德基门店咨询了店长。通过店长的介绍，我总算是弄懂了。其实，root 应该和 beer 组成一个短语，叫作 root beer。

这种饮料看着像啤酒，但不含酒精，是美国人常喝的一种用植物根部酿造的饮料。

root beer 的中文名是根汁汽水，颜色看起来有点像可乐。

为了彻底搞懂 root beer，我在网上查询了一番。

Root beer is a sweet North American soft drink traditionally made using the root bark of sassafras tree (Sassafras albidum) or the vine of sarsaparilla (Smilax ornata) as the primary flavor. Root beer may be alcoholic or non-alcoholic, come naturally free of caffeine or have caffeine added, and be carbonated or non-carbonated. It usually has a thick, foamy head when poured. Modern, commercially produced root beer is generally sweet, foamy, carbonated, nonalcoholic, and flavored using artificial sassafras flavoring.

这段话的大意是，根汁汽水是一种略带甜味、有很多泡沫、可做成碳酸或非碳酸的无酒精饮料。传统上是用檫木（产于北美东部的一种樟科植物）的根制成的。

根汁饮料虽然能在中国买到，但并不普及。大概是多数中国人受不了它喝起来像风油精的味道。不过我听说，只要度过了开始的那段磨合期，那种直冲头顶的清凉很快就会让人欲罢不能。

我猜测，美国的肯德基有售卖根汁汽水，不过杯盖是统一制作的，虽然世界上其他国家和地区的门店可能不售卖根汁汽水，但还是保留了 root beer 这个标志。

肯德基的门店经理还告诉我，在杯盖上每一个英文旁边还有一个圆圆的凸起，它们是可以被按下去的，作用是区分饮料种类。按照操作流程，杯子装着什么饮料，对应的凸起就会被按下。不过现在员工基本是通过饮料的颜色来分辨种类，圆形的凸起也就形同虚设了。

非常感谢这位读者点燃了我的"死磕精神"，也让我增长了一点有趣的"冷知识"。

对了，我在购物网站上查到国内是有卖根汁汽水的，不过是直接从国外进口的。网上还有人说，根汁汽水跟一种叫沙示的饮料口感很像。我没有喝过沙示，据说这种饮料在广东、台湾、香港挺常见。

颜色：七彩的光多彩地表达、绽放

　　一位在芬兰赫尔辛基的朋友给我发来一张当地的照片。说实话，我的第一印象是"天真蓝"，脑子里也突然冒出一个高级单词来形容这种蓝——azure，不要念成"阿祖"，是 /ˈæʒər/。微软云计算的品牌名就是 Azure，该词表示"天蓝色、蔚蓝色"。不得不说，微软挺会起名字的，Azure 这个词跟科技很适配。

　　今天借这个话题，给大家拓展一些表示颜色的高级单词。咱们常说的七种颜色——赤、橙、黄、绿、青、蓝、紫[①]，它们的英文你是不是只知道 red、orange、yellow、green、light green、blue、purple？

　　下面就给大家分享一下，我想到的这七种颜色的高级单词。

[①]　赤、橙、黄、绿、青、蓝、紫是较为通俗的关于光的七种颜色的说法，在物理学意义上，白光一般被认为是由红、橙、黄、绿、蓝、靛、紫七种颜色组成的。本篇取第一种说法。

赤

赤色就是红色，我想到的单词是 scarlet。在泰勒·斯威夫特的 "Love Story" 这首歌里，有这么一句歌词：

Cause you were Romeo, I was a scarlet letter.（因为你是罗密欧，而我是一个"红字"。）

这里的 scarlet letter 出自纳撒尼尔·霍桑的同名小说《红字》，女主角赫斯特·普林胸口前佩戴着一个代表耻辱的红色字母 A，scarlet 意为"红色"，scarlet letter 则代表着她胸前的"红字"。

橙

orange 表示"橙子"，也表示"橙色"，我想到的一个替换词是 mandarin。前文已经讲过，mandarin 这个词既可以表示"中文，普通话"，也可以表示"橙色"。

黄

红、黄、绿是交通信号灯的三种颜色，红灯叫 red light，绿灯叫 green light，黄灯叫什么？可以叫 yellow light，但英国人有个很别致的叫法——amber light，这里的 amber 表示"琥珀，琥珀色"。

下次遇到交通灯变黄的时候，你可以说这样一句英文："The traffic lights were on amber.（交通信号灯的黄灯亮了）"。

绿

我想到的高级词是 emerald，意为"祖母绿色，绿宝石，翡翠"。

经典童话《绿野仙踪》里的奥兹国的首都就叫 Emerald

City，这座城里的每一样东西都是绿色的。

青

青是一种比绿淡的颜色，你可以用 light green 表示"青色"，但我在这里给大家介绍一个更高级的单词——turquoise，表示"绿松石色，青绿色"。我曾经去巴厘岛旅游，海岛四周的海水就是这种颜色，真的很漂亮，不禁让我想到这个句子："The turquoise water was so beautiful that it made me feel intoxicated.（青绿色的海水太美了，令我沉醉）"。

蓝

除了开头提到的 azure，我还想到一个高级词——sapphire（蓝宝石，天蓝色）。英国女王伊丽莎白二世的登基 65 年庆典，就叫 Sapphire Jubilee（蓝宝石庆典）。

紫

这个词的高级替代词大家应该比较熟悉，一个是 lavender（薰衣草，淡紫色），泰勒·斯威夫特的专辑 *Midnights* 里有一首歌就叫 "Lavender Haze"。另一个是 violet，就是"紫罗兰，紫罗兰色"。这种娇小美丽的花生长在相对阴暗的环境中，所以 violet 这个词还通常跟内向、谨慎、谦虚等概念联系在一起。比如，英文中有一个短语 shrinking violet，指的是那些害羞、胆小、不喜社交的人。

五味：生活五味，唯鲜难得

你知道人有几种味觉吗？

我相信很多人会脱口而出：酸、甜、苦、辣。

其实辣不应该算味觉，用专业术语来解释，"辣"是辣椒素刺激三叉神经引起的痛感，我们全身的皮肤都能感觉到辣。

而我们平常所说的味觉，一般指只通过味蕾感觉到的。

在第五种味觉被发现之前，人类对味觉的基本共识是酸、甜、苦、咸，英语分别是 sour、sweet、bitter 和 salty。

其实除了这四味之外，还有一种味觉，就是咱们中国人非常熟悉的鲜。说来也奇怪，酸、甜、咸、苦都可以描述出来，唯鲜一言难蔽之。

鲜是一种清淡但难以形容的持久味道，它会引起舌头分泌唾液，带来一种"毛茸茸"的感觉。

西方人对食物中的鲜认知感太弱，长期以来，西方都没有与鲜味相对应的单词，你所熟悉的 fresh 只是用来描述"新鲜"，跟

"鲜味"没有一点关系。

不过，英文中确实有很多形容食物好吃的单词。

yummy：好吃的

delicious：美味的

savoury：可口的

meaty：肉香味的

tender：嫩的

juicy：多汁的

finger-licking：直译为"令人吮指的"，即"美味的"

mouth-watering：令人流口水的

palatable：美味可口的

但这些形容词要么描述口感，要么含糊笼统地表达"味道好"，没有一个是真正描述鲜味的。

似乎鲜这种复杂玄妙而又暧昧的味觉享受，只有含蓄委婉的东方文化才能体验得到。

提起"鲜"字，大家通常会想到"鱼羊为鲜"，此典故始于上古时代的彭祖。虽然中国人对鲜的讨论源远流长，但真正在世界范围内定义了鲜味的，却是日本人。

1908年，原东京帝国大学（现东京大学）的池田菊苗教授发现昆布能让汤变得鲜美。

昆布就是日料味噌汤、日式拉面里经常放的那种海带。

池田从昆布中成功提取出了一种化学物质——谷氨酸，并将这种味道命名为"うま味"。うま来自日语うまい，即"好的"；味就是味道。

所以うま味就是"味道不错"，转写成英文是 umami，即"鲜味"。

池田发现了谷氨酸后嗅到了商业气息，又是申请专利，又是开办公司，并把公司生产的调味品命名为"味之素"，传入中国后改名叫"味精"。

对了，顺便说说味精的英文，你可能查出来的是个缩写 MSG。MSG 全称是 monosodium glutamate，其实就是"谷氨酸钠"。

不过，科学家一直争论鲜味是否为一种基本味道，直到 20 世纪 80 年代，关于鲜味的学术研究才大规模展开。

池田发明的うま味慢慢获得学术界的认可，而鲜味也被正式确立为人类味觉的第五味。

直到最近十几年，研究发现，人类的舌头确实有鲜味接收器，可以感知谷氨酸钠。

现在，鲜味在西方语言中（包括英语、西班牙语、法语等），都被称作 umami。

从这个单词背后的故事中我们看到，虽然鲜是来自中国的独特概念，但使其成为世界标准的却是日本人。日本人的研究精神、对专利的保护意识和商业敏感度，让其成为很多领域的标准制定者，这个邻居，不容小觑。

化学元素：容纳无限（万物）的有限序列

"氢氦锂铍硼，碳氮氧氟氖，钠镁铝硅磷……"相信你一定背过吧？在化学教科书和几乎所有字典中，都会附有一张元素周期表（the Periodic Table of Elements），参见下页图。

只要你上过初、高中，都感受过被这张表支配的恐惧吧？不过话说回来，这张表也足以体现人类"收纳狂"的本质，把构成这个物质世界的元素全部归纳整理到一张表里，一家人最紧要是整整齐齐。

但是，学校里应该没教过——至少我当时的化学老师没有教过——这些枯燥的名称竟然是以著名科学家、地理名称、太阳系中的星球以及神话中的人物来命名的。

比如，有些元素是以大家耳熟能详的大科学家命名的。

96 号锔，全称 Curium，简称 Cm，名称来自居里夫人（Curie）。

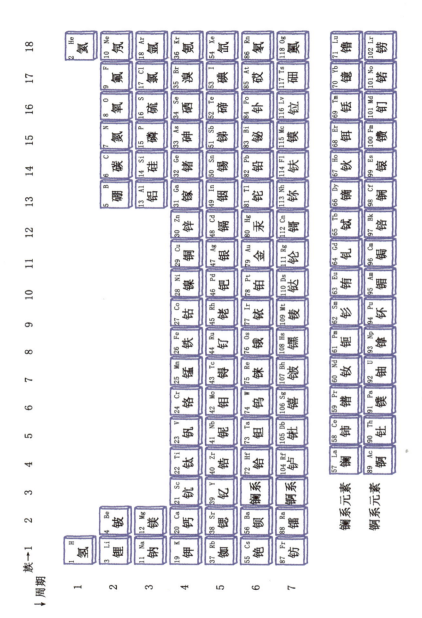

99 号锿，全称 Einsteinium，简称 Es，名称来自爱因斯坦（Einstein）。

接下来，我就从英文老师的角度，把元素按命名方式大致归个类，权当给大家提供一个看待元素周期表的新角度。

以天体名称命名

2 号氦，全称 Helium，简称 He，这是从太阳光谱中发现的元素，所以用希腊语中的 Helios（太阳）来命名。

34 号硒，全称 Selenium，简称 Se，得名于希腊语中的 Selene 一词，意思是"月亮"，同时也是希腊神话中的月亮女神。

52 号碲，全称 Tellurium，简称 Te，源自古罗马神话中的大地女神忒勒斯，所以跟地球有关。

92～94 号分别是铀、镎和钚"三兄弟"，它们相继被发现，此前人们也相继发现了太阳系中的三颗星——天王星、海王星和冥王星，所以就用这三个天体的名字来命名这三种元素。

铀的全称是 Uranium，简称 U，名称来自 Uranus（天王星）；镎的全称是 Neptunium，简称 Np，名称来自 Neptune（海王星）；钚的全称是 Plutonium，简称 Pu，名称来自 Pluto（冥王星）。

以神话人物命名

22 号钛，全称 Titanium，简称 Ti，来自希腊神话中的神族泰坦（Titan）。

61 号钷，全称 Promethium，简称 Pm，来自希腊神话中把火种带到人间的普罗米修斯（Prometheus）。

以科学家的名字命名

96 号锔和 99 号锿，名字分别来自居里夫人和爱因斯坦。

100 号镄，全称 Fermium，简称 Fm，来自著名的费米悖论的提出者、物理学家费米（Fermi）。

101 号钔，全称 Mendelevium，简称 Md，我不说你们也知道，得名于门捷列夫（Mendeleev），他就是元素周期表的发现者。

102 号锘，全称 Nobelium，简称 No，这个单词的来源也比较好猜，来自诺贝尔奖之父、炸药的发明人诺贝尔（Nobel）。

以地理名称命名

下面的元素是以欧洲国家或地理名称来命名的。

63 号铕，全称 Europium，简称 Eu，来自 Europe（欧洲）。

21 号钪，全称 Scandium，简称 Sc，来自 Scandinavia（斯堪的纳维亚半岛），也是两个北欧大国——挪威、瑞典所在的半岛。

32 号锗，全称 Germanium，简称 Ge，来自 Germany（德国）。

44 号钌，全称 Ruthenium，简称 Ru，来自 Russia（俄罗斯）。

84 号钋，全称 Polonium，简称 Po，来自 Poland（波兰）。

87 号钫，全称 Francium，简称 Fr，来自 France（法国）。

下面的元素是以与美国相关的地名来命名的。

95 号镅，全称 Americium，简称 Am，得名于 America，也就是美利坚合众国（美国）。

97 号锫，全称 Berkelium，简称 Bk，得名于 UC Berkeley——美国加利福尼亚大学伯克利分校。

98 号锎，全称 Californium，简称 Cf，得名于 California，即美国的加利福尼亚州。

这里我还要提一件事。

2017 年，我国确定了 113 号、115 号、117 号、118 号元素的中文名称，分别为鿭、镆、鿬、鿫，从而补齐了元素周期表的第七行。

原子序数	英文名	符号	中文名	汉语拼音
113	nihonium	Nh	鿭	nǐ
115	moscovium	Mc	镆	mò
117	tennessine	Ts	鿬	tián
118	oganesson	Og	鿫	ào

113 号的鿭，全称 Nihonium，简称 Nh，得名于 Nihon（日本）。

115 号的镆，全称 Moscovium，简称 Mc，得名于 Moscow——俄罗斯的首都莫斯科。

117 号的鿬，全称 Tennessine，简称 Ts，得名于 Tennessee——美国的田纳西州。

118 号的鿫，全称 Oganesson，简称 Og，得名于超重元素研究的先驱——俄罗斯核物理学家尤里·奥加涅相（Yuri Oganessian）。

花露水：花露重，草烟低，人家帘幕垂

一到夏天，花露水便成了必不可少的"神器"。你知道花露水的英文怎么说吗？在讲解花露水的英文前，先跟大家科普一下花露水的中文是怎么来的吧，估计很多人都不知道。

据说花露水得名于唐宋八大家之一的欧阳修的名句："花露重，草烟低，人家帘幕垂。"

是不是很有意境和韵味？

不过，花露水的英文就有点一言难尽……竟然是 toilet water。

在一般人看来，toilet water 应该是指"冲厕所的水"。别着急，先看看词典上的定义：a dilute form of perfume（一种香水的稀释版本）。

释义后面还给出了它的另一个名称——Eau de toilette，很明显，这是法语。

虽然香水起源于埃及，但是在法国发扬光大的，香水的英文

perfume 正是来自法语的 parfum。

法国人根据香精含量的不同，把香水大致分成以下几种类型。

1. 香精含量最低的叫 Eau Fraiche（简称 EF），香精含量为 1%～3%，市面上的剃须水、香水剂等都属于 EF，留香时间最短。

2. 香精含量略高于 EF 的是 Eau de Cologne（简称 EDC），俗称"古龙水"，香精含量为 2%～4%，男性香水多属于此类。

3. 香精含量比古龙水更高的就是前面提到的 Eau de Toilette（简称 EDT），香精含量为 5%～15%，留香时间 3～4 个小时，在英语中的对应词就是 toilet water。

可千万不要把 toilet water 翻译成"马桶水"或"卫生间的水"，因为 toilet 除了表示"卫生间，马桶"之外，还有一个用法：

the process of washing and dressing yourself, arranging your hair, etc.

翻译过来就是"梳妆打扮"。

而搽香水也是梳妆打扮过程中的一环，所以 Eau de Toilette 或 toilet water 实际上就表示"梳妆打扮时用的水"。

4. 香精含量比 EDT 更高的是 Eau de Parfum（简称 EDP），香精含量为 15%～20%，留香时间可达 6 个小时左右。

5. 香精含量最高的是 Parfum，就是英语 perfume 的来源，香精含量为 20%～30%，香气十分持久，市面上价格昂贵的香水多属于此类。

中国的花露水也算是一种香水，对应西方的香水分级，应该属于 Eau de Toilette，也就是 toilet water。不过，美国人也有自己的"花露水"，美式英语中的说法也颇具文化底蕴——Florida water。

你可能要问了：这不是"佛罗里达水"吗？跟美国的"佛罗里达州"有什么关系？简单来说，Florida water 是美国版的古龙水。

还记得古龙水的说法吗？Eau de Cologne，美国人在柠檬味打底的古龙水的基础上，又添加了甜橙、薰衣草和丁香味的香精。

不过，美国人的 Florida water 其实源自美洲土著的一个传说。

中美洲有个地方叫比密尼，那里有座青春之泉（Fountain of Youth），泉水有神奇的功效，任何濒临死亡的生物，接触到这种水就会立马起死回生、恢复青春，号称"生命之水"。

1513 年，西班牙探险家胡安·庞塞·德莱昂率船队到达现今的美国佛罗里达州，目的就是寻找土著口中的青春之泉。

这位德莱昂是佛罗里达的发现者，佛罗里达这个名字就是他取的，在西班牙语中叫 La Florida，翻译成英文是 Land of Flower（鲜花之地）。

在美国人看来，抹点 Florida water，就像抹上了一点"青春之泉"，可以瞬间让人变得获利满满。

但中国的花露水的成分实际上与国外的 toilet water 和 Florida water 不太一样，所以不能简单地套用。

世界
  的
秩序

3

The Order
of the
World

平等抑或公平：体制性障碍的
围堵与拆除

有网友给我发来一张图。

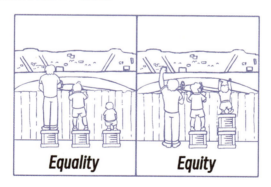

图中展示了三个人隔着围栏看棒球赛的场景，其中左边的人最高，右边的人最矮，中间的人个头儿居中。

左图展示的是三个人各踩一只木箱，但因为身高的不同，左边的人、中间的人能看到球赛，右边的人由于身高不够，只能望"栏"兴叹。

右图展示的是每个人依据不同身高分配了不同数量的木箱，从而保证三个人都能看到球赛。

左图下方写着 equality（平等），右图下方写着 equity（公平）。

我找到了关于这两幅图片更详细的说明。

左图的解释为 "The assumption is that everyone benefits from the same support. This is considered to be equal treatment.（假设每个人都从同样的支持中受益，这被认为是平等的对待）"。所以，equality 的含义是"平等"，即不考虑个体差异，每个人被给予同等的支持。

右图的解释为 "Everyone gets the support they need, which produce equity.（每个人都得到了他们需要的支持，这就产生了公平）"。所以，equity 表示"公平"，即根据个体差异给予不同的支持，最后保证人人平等，同义词为 fairness。

equality 一词让我想起"大锅饭"。"大锅饭"是典型的平均主义，无论职工干多干少、干好干坏，都不会影响个人工资分配，表面上人人平等，但实际上会严重影响职工的工作积极性，不利于提高生产效率。而 equity 一词让我想到我国的个人所得税起征点，现在的个税起征点是每月 5000 元，即如果你的月收入 ≤ 5000 元，你是不用缴个人所得税的；如果月收入超过 5000 元，那么就要按不同梯度纳税。虽然这个制度不能从根本上解决贫富差距问题，但符合 equity 的理念，即根据个体的差异提供适当的支持，尽可能实现公平和公正。

其实，上图是不完整的，下面这张才是完整版。

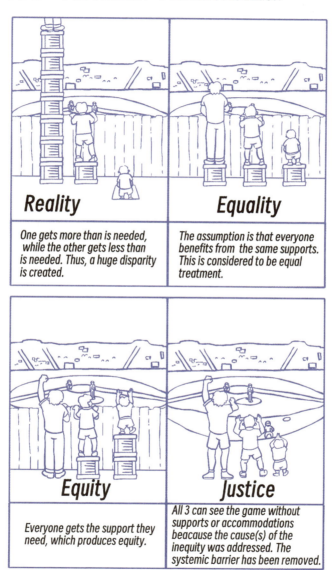

Reality

One gets more than is needed, while the other gets less than is needed. Thus, a huge disparity is created.

Equality

The assumption is that everyone benefits from the same supports. This is considered to be equal treatment.

Equity

Everyone gets the support they need, which produces equity.

Justice

All 3 can see the game without supports or accommodations beacause the cause(s) of the inequity was addressed. The systemic barrier has been removed.

第一张图中使用了 reality（现实）一词，下面的英文解释是 "One gets more than is needed, while the other gets less than is needed. Thus, a huge disparity is created.（一个人得到的比需要的多，而另一个人得到的比需要的少。因此，产生了巨大的差距）"。用大白话来说，就是"旱的旱死，涝的涝死"，是一种很不公平又很无奈的现象。

最后一张图反映了 justice（正义），下面的英文解释是 "All 3 can see the game without supports or accommodations, because the cause(s) of the inequity was addressed. The systemic barrier has been removed.（三个人都可以在没有支持或辅助的情况下看到比赛，因为造成不公平的问题得到了解决。体制性的障碍被消除了）"。

很明显，图中的围栏就喻指体制性的障碍，其实很多时候，造成不公平的根源就是某种体制障碍，而正义的使命就是去消除它们。

这让我想到《杀死一只知更鸟》这本书，书中的黑人小伙儿明明是无罪的，但在根深蒂固的种族歧视的偏见（体制性障碍）下，陪审团依然判他有罪。主角阿蒂克斯·芬奇选择为黑人小伙儿辩护，虽然最后以失败告终，但这份勇气和正直，使他成为代表正义的不朽文学形象。

扑克花色：四种花色，四种对社会的想象

有读者问我：扑克牌的四种花色的英文为什么是 Spade（黑桃）、Club（梅花）、Heart（红桃）和 Diamond（方块）？下面我就来详细讲讲。

先说说扑克牌为什么会有这四种花色（suits）。

其实不同国家的扑克牌花色略有不同。比如，德国的扑克牌花色为红心、树叶、铃铛和橡树果；瑞士的为盾牌、花朵、铃铛和橡树果；意大利的为宝剑、酒杯、硬币和棍棒。

目前国际上通行的黑桃、红桃、方块、梅花其实是法国扑克牌的花色。

关于这四种花色的寓意，说法很多。

一说这四种花色代表当时社会上的四种主流行业。

黑桃代表长矛，象征军人；梅花代表三叶草，象征农业；方块代表工匠使用的砖瓦；红桃代表红心，象征牧师。

105

二说它们源于欧洲的塔罗牌的图样。

黑桃代表宝剑，象征正义；梅花代表权杖，象征权力；方块代表钱币，象征财富；红桃代表圣杯，象征爱情。

我们分别来看看这四种花色的英文说法。

1.Spade（黑桃）

spade 原义是"铁锹，铲子"，代表农业生产。

在西方人眼中，这个花色像铁锹，而中国人觉得它像黑色的桃子。

这里补充一个有趣的英文短语"Let's call a spade a spade"，直译为"让我们称一把铁锹为铁锹吧"。这个短语的意思是"它是什么就是什么，没什么好故弄玄虚的，实话实说即可"。

2.Heart（红桃）

这个花色是心形的，象征着包括爱情在内的各种情感和感性思维。

为了和黑桃对应，中国人将其翻译为"红桃"。

3. Diamond（方块）

在中国有些地区称这种花色为"方片"，这是对这种花色最直观的印象。英文是 diamond，可见老外把这种花色视为钻石，象征着财富。

4. Club（梅花）

这种花色的英文可能是最匪夷所思的，club 在多数人的印象中不是"俱乐部"的意思吗，跟梅花有什么关系呢？

这个花色在我们中国人看来像黑色的梅花，但在西方人看来，却是一种恐怖的武器——带刺的棒子，有点像狼牙棒，代表武力或军事。

club 这个词除了表示"俱乐部"，还有一个含义——棍子。比如，美国人管木制警棍叫 billy club。

club 很早就有棍子的含义了，大约在公元 1200 年，来自古北欧语 klubba。

而"俱乐部"这层含义就诞生得比较晚了，大概出现于1640 年。

下面给大家总结一些跟扑克牌牌型有关的英文说法。

1）one pair：对子（两张相同点数的牌）

2）two pairs：两对（有两张相同点数的牌，加另外两张相同点数的牌）

3）flush：同花（五张同一花色的牌）

4）straight：顺子（五张顺连的牌）

5）straight flush：同花顺（五张同一花色且顺连的牌）

6）three of a kind：三条（三张同点数的牌）

7）four of a kind：四条（四张同点数的牌，又叫"炸弹"）

8）full house：葫芦（又称"俘虏"，指三张同一点数的牌，加一对其他点数的牌）

9）high card：散牌（不能排成以上组合的牌，以点数决定大小）

所有五张牌的组合，上述牌型大小为同花顺＞四条＞葫芦＞

同花＞顺子＞三条＞两对＞对子＞散牌。

其实除了各种基于牌型的玩法，扑克牌中也隐藏了很多数字的奥妙，比如，除去大王（red joker）、小王（black joker）以外的 52 张牌表示一年有 52 个星期。大王、小王两张副牌是美国人引入的，大王代表太阳，小王代表月亮。一年四季（春、夏、秋、冬）分别以方块、红桃、梅花、黑桃来表示，其中红桃、方块代表白昼，黑桃、梅花代表黑夜。

除此之外，每一花色正好有 13 张牌，对应每一季度基本有 13 个星期；而这 13 张牌的点数加在一起是 91，对应着每一季度有 91 天。四种花色的点数加起来再加上小王的一点正好是一年的 365 天；如果再加上大王的一点，正符合闰年一年的天数。扑克中的 J、Q、K 共有 12 张，表示一年有 12 个月，又代表 12 个星座。

你看，小小一副扑克牌，把西方的人文历史、天文历法都串起来了，实在奇妙。

最后，我们来总结一下源于塔罗牌图样的说法。

1. 黑桃（Spade），对应宝剑，象征正义、战争与灾难。spade 是铲子，也是武器。

2. 方块（Diamond），对应钱币（又称"星币、星星"），象征财富。方块的英文 diamond 意为"钻石"，代表财富，恰好对应塔罗牌中的钱币。同时方块的形状也与塔罗牌中的星币图样极其相似。

3. 梅花（Club），对应权杖，象征权力与热情。梅花的英文 club 意为"棍，杖"，对应塔罗牌中的权杖。

4. 红桃（Heart），对应圣杯，象征包括爱情在内的各种情感和感性思维。圣杯在塔罗牌中代表情感，因此相对应的扑克牌中的红桃被设计为心形，暗示爱情。

扑克里的 J、Q、K：了不起的国王、女王和侍卫

我们都知道，扑克牌中 K 和 Q，一个代表 King（国王），一个代表 Queen（女王）。但 J 代表什么呢？你可能会说 J 代表 Joker，但 Joker 其实指的是大王和小王。

先公布答案：J 的全称是 Jack——这个常见的名字又出现了。但此 Jack 非彼 Jack，扑克牌里的 Jack 表示"侍卫"。

总而言之，扑克牌中的 J、Q、K 分别代表侍卫、女王、国王三种角色。四个花色，三种角色，构成了 12 张人物牌。

这里要提醒一点，虽然扑克牌的发展多国均有贡献，但主要是在法国得到完善和标准化的，所以下面的人物解释来自法国版扑克牌。

先说说四位国王。

　　黑桃 K 上的人物其实是《圣经·旧约》中记载的以色列的第一个王——大卫（David），以色列的国旗上的六芒星又叫"大卫之星"。米开朗琪罗的雕塑作品《大卫》塑造的就是这个人物。

　　梅花 K 上的国王是亚历山大大帝（Alexander the Great），他 20 岁成为马其顿王国国王，在位时征服了广袤的领土，而且在战场上从未被击败，堪称"战神"。请大家注意一个牌面细节，他的衣服上佩戴着圣球。

　　红桃 K 上的国王是查理大帝（Charles the Great），是法国加洛林王朝国王和查理曼帝国的皇帝，也被称为查理曼（"曼"即大帝之意）。他被后世称为"欧洲之父"。他也是四张国王牌中唯一不留八字胡的国王。

　　方块 K 上的国王是罗马帝国的奠基者——恺撒大帝。方块 K 的国王形象也是四张国王牌中唯一一张侧面像。

　　再来看看四位女王。

黑桃 Q 中的人物是希腊神话中的雅典娜，因为她被称为智慧和战争女神，所以她也是四张女王牌中唯一手持武器的。

梅花 Q 中的人物名为阿金尼（Argine），她的身世无从考证。从牌面可以看到，她手持蔷薇花，表示英国以红蔷薇花为标志的兰开斯特王族和以白蔷薇为标志的约克王族，双方的蔷薇花结合在一起，寓意着两个王朝经过玫瑰战争后最终和解。

红桃 Q 中的人物名叫犹滴（Judith），或译为"朱蒂斯"。她是《圣经》中的人物，传说她是一个美丽勇敢的妇人，在亚述军队侵略犹太民族的时候，她孤身一人前往敌军中，依靠美人计迷惑并杀死了亚述国的将领，挽救了危难之中的民族。

方块 Q 中的人物名叫拉结（Rachel），或译作"蕾切尔"，也是《圣经》中的人物。传说她美貌无双，是以色列民族的祖先雅各苦苦追求的对象。

最后说说四位侍卫。

　　黑桃 J 中的人物名叫奥吉尔（Ogier），民间传说和文学作品中的人物，他是丹麦人的英雄，还是前面提到的查理大帝的十二圣骑士之一。

　　梅花 J 中的人物名叫兰斯洛特（Lancelot），他是英格兰传说中亚瑟王领导的圆桌骑士团的一员，而且是圆桌骑士团中的第一勇士。

　　红桃 J 中的人物名叫拉海尔（La Hire），他是法国国王查理七世的侍卫，有出色的军事才能，和圣女贞德一起在英法百年战争中立下赫赫战功。

　　方块 J 中的人物名叫赫克托尔（Hector），据荷马史诗中的《伊利亚特》记载，赫克托尔是特洛伊王子、特洛伊第一勇士。

　　通过上面的介绍，你会发现这 12 个人物串起了希腊神话《圣经》故事和欧洲早期历史。

　　最后总结一下。

　　黑桃（Spade）：国王——大卫，女王——雅典娜，侍卫——

奥吉尔。

梅花（Club）：国王——亚历山大大帝，女王——阿金尼，侍卫——兰斯洛特。

红桃（Heart）：国王——查理大帝，女王——犹滴，侍卫——拉海尔。

方块（Diamond）：国王——恺撒大帝，女王——拉结，侍卫——赫克托尔。

麻将：矛盾中的和谐，混乱里的秩序

　　麻将起源于中国，风靡世界。各地的麻将规则有很大不同，但基本目标都是通过一系列置换和取舍以达成一种特定的牌型——和牌。

　　麻将的英文名是 mahjong，一看就是麻将的音译，打麻将译为 play mahjong。

　　麻将从 20 世纪初开始风靡全球，老外爱麻将，远超你的想象。比如，位于纽约曼哈顿区的城市中心地带的布莱恩特公园，每周一和周四的下午都会响起阵阵麻将牌的碰撞声。坐在小方桌旁的美国麻友们手里搓着牌，嘴里喊着"碰！""吃！"在麻将游戏中大杀四方。这就是布莱恩特公园大名鼎鼎的麻将社交活动。每到约定时间，麻友们就会聚集在此。有些人还专门从佛罗里达州、新泽西州等地赶过来，就为了和麻友们一起过把瘾。

　　其实早在一百年前，麻将就走出了国门。

　　1900 年左右，麻将就已经在上海的租界区流行开来。五口通商后，欧美驻清官员见到了麻将，他们研究了半天，还是不懂复杂的麻将玩法，只能将麻将收藏进博物馆里。

直到 20 世纪 20 年代，一位在中国工作的美国人约翰·巴布考克彻底爱上了麻将文化。他不仅钻研各种地方玩法，还贴心地为自己的同胞简化了玩法规则，用英文写出一本《巴布考克麻将规则手册》，这个简化的麻将规则就是我们后来熟知的"美国标准"。

在这本书里，麻将第一次有了对应的英文名字：mahjong。

这本书迅速在中国的各通商口岸流行起来，许多人将书带回祖国，美国、加拿大、法国、英国、墨西哥……各国人民迅速学会并爱上了打麻将。

著名女演员茱莉亚·罗伯茨在某个节目中曾谈到自己的"麻将哲学"：

The concept of it (Mahjong) is to create order out of chaos based on random drawing of tiles.（麻将的概念是在随机抽牌的基础上，在混乱中创造秩序。）

看来罗伯茨也深谙雀神之道！

她在节目中把麻将牌称为 tiles，tile 的原意是"（贴墙或铺地用的）瓷砖，地砖"，也指麻将等牌类游戏的牌。

一副完整的麻将一般有 144 张牌，其中包含 136 张基本牌，序数牌由筒（有的地方称为"饼"）、条、万三种花色组成，牌面数字为一至九，比如，三筒、六条等；字牌分成风牌东、南、西、北及三元牌中、发、白；剩下的八张为四君子牌梅、兰、竹、菊与四季牌春、夏、秋、冬。

序数牌（Suits）	字牌（Honors）	四君子牌（Flowers）
筒（Dots/Circles）	三元牌（Dragons）：	梅（Plum blossom）
条（Sticks/Bamboo）	中（Red Dragon）	蘭（Orchid）
萬①（Characters）	發（Green Dragon）	竹（Bamboo）
	白（White Dragon）	菊（Chrysanthemum）
	风牌（Winds）：	四季牌（Seasons）
	東（East Wind）	春（Spring）
	南（South Wind）	夏（Summer）
	西（West Wind）	秋（Fall/Autumn）
	北（North Wind）	冬（Winter）

中国麻将的基本玩法需要四位玩家（four players），每位玩家一开始抓取 13 张牌，庄家（dealer/banker）额外多抓一张，即 14 张。游戏过程中，玩家通过摸牌（draw）和打牌（discard）进行游戏，保持手牌数量，并努力组合出可以和牌的牌型。

1. 抓位（picking seats）

游戏开始前，每位玩家要先进行抓位，也就是决定每一位玩家的位置。抓位的规则是从牌里先取出东、南、西、北四张牌，

---

① 由于麻将牌中的汉字使用的是繁体字，故此处保留繁体。

117

将四张牌面朝下置于桌上，接着由一个人掷骰子（roll the dice）来决定谁先抽牌，第一位抽牌者坐东的位置，剩下的玩家继续抽牌并坐在对应的座位。

2. 洗牌（shuffle）与建牌

将所有麻将牌置于桌面上，玩家共同参与洗牌，然后建立牌墙（tile wall），通常是建两行，每行 18 张牌的牌墙。牌墙构建完毕后，由庄家率先开始游戏。

3. 摸牌与打牌

游戏开始后，玩家轮流摸牌和打牌。摸牌是从牌墙中抽取牌加入手牌，打牌则是将不需要的牌打出。游戏的目的是通过这一过程不断优化手中的牌型，以达到和牌（winning）的条件。

4. 碰（pong）、吃（chow）、杠（kong）

碰：当其他玩家打出一张牌，如果你手中有两张相同的牌，可以声明碰牌，将这三张牌放在桌面上显示。

吃：只能对上家打出的牌进行吃牌操作，将其与手中的两张顺序牌组合放置在桌面上。

杠：当你有四张相同的牌时，可以进行杠牌操作，杠牌可以是明杠（exposed kong）、暗杠（concealed kong）或加杠（added kong）。

5. 和牌（winning）

当玩家手上的牌组合成合法的和牌牌型时，可以宣布和牌。和牌可以通过自摸（winning by one's own draw/self-drawn win）或是抓到其他玩家打出的合适牌（winning on a discard）

实现，而一方打出的牌正好使另一方和牌，这种行为就称作"放炮，点炮"（losing by discarding）。中国麻将的和牌类型多样，包括对对和（winning with all paired tiles）、七对子（seven pairs）、清一色（flush）等不同牌型。

6. 流局（draw）

如果所有的牌都被摸完，而没有玩家宣布和牌，那么这一轮游戏就宣布流局。

麻将牌上有汉字，麻将的基本规则也是中国人制定的，麻将的规则更是体现了中国人古老的智慧。麻将可以算是中国最知名的文化输出之一！

怀疑：无中生有抑或有中生无

之前在进行外刊精读的直播中，我提到了一个特别重要的知识点，今天再给大家复习一遍。外刊里的原句是：

If you asked Americans to name a space mission, any space mission, I suspect very few would pick Apollo 8.（如果你让美国人说出一个太空任务的名字，任何一个太空任务，我怀疑只有极少数人会选择"阿波罗 8 号"。）

这句话里出现了一个词——suspect，表示"怀疑"，我突然想到另一个词——doubt。两个词都翻译为"怀疑"，有何区别？这两个词的辨析是考试中的必考点和难点，也是大家平时使用时经常犯错的，要彻底搞清楚哟！

先来看两个词在《牛津词典》里的定义：

suspect: to have an idea that sth. is probably true or likely to happen, especially sth. bad, but without having definite proof.（认为某件事大概是真的，或有可能会发生，但没有明确

的证据。）

doubt: to feel uncertain about sth.; to feel that sth. is not true, will probably not happen, etc.（对某件事没有把握；感觉某件事不是真的，不太可能会发生。）

发现没有，两个词的逻辑是相反的。简言之，suspect 的逻辑是"怀疑这件事情是真的"，doubt 的逻辑是"怀疑这件事情是假的"，试比较下面的两个例句：

I suspect he's the murderer.（我怀疑他真的是凶手。）

I doubt he's the murderer.（我怀疑他不是凶手。）

这种单词之间的细微差别，翻译软件是不太可能体察出来的。

再试比较：

I suspect he will come.（我怀疑他真的会来。）

I doubt he will come.（我怀疑他不会来。）

所以，把 suspect 翻译为"猜"，把 doubt 翻译为"质疑"，是不是更好？

其实从词源上看，这两个单词的区别一目了然。

doubt 来自拉丁词根 duo（表示"二"）。也就是说，还存在第二种情况，即"怀疑这件事是假的"。

suspect 由 su（源于 sub，表示"从下面"，即"向上"）和 spect（源于 specere，表示"看"）构成，故 suspect 可理解为"向上看"。当你怀疑某件事情为真，或怀疑某件事情会发生时，会不会做这个动作？

我们再通过两个法律领域的概念，加深一下对这两个词的理解。

suspect（嫌疑人、嫌犯）

这个词比较好理解，动词 suspect 表示"怀疑某事为真"，那么当你怀疑某人犯罪时，这个人就是一个 suspect（嫌犯）。

beyond reasonable doubt（超出合理怀疑）

这个短语稍微有点烧脑，当年轰动世界的"辛普森杀妻案"最后被推翻，辛普森被无罪释放，就是跟 beyond reasonable doubt 这个法律概念有关。beyond 表示"超出"，reasonable 表示"合理的"，doubt 这里是名词，但跟动词的含义一致，表示"怀疑某件事情是假"，故 beyond reasonable doubt 表示"超出合理怀疑"。

在英美法系中，检方（也就是公诉人）要拿出确凿的证据，最后由陪审团来裁定被告是否有罪，而陪审团要秉承"疑罪从无"的精神，不断发起对证据的质疑。但他们质疑的对象不是被告，而是给被告定罪的检方提供的证据，也就是陪审团要判断检方的证据是否有问题、靠不靠谱。你看，这就是 doubt "怀疑某事为假"的用法了。

如果检方证据链完整，没有漏洞，那么陪审团就没有合理的理由去 doubt 这些证据，即证据超出了合理怀疑的范畴，若此时再质疑证据，就不理性了。

换言之，如果检方提供的证据超出合理怀疑的范畴，就意味着这些证据确凿，足够给一个人定罪了。

当年审理"辛普森杀妻案"时就是因为出现了一系列蹊跷的事情，同时由于检方的不专业，加上辛普森律师团队的老到，陪审团最终裁定检方证据无法 beyond reasonable doubt，辛普森被当庭无罪释放。

格里蝾螈：美国政治中的"田忌赛马"

在美国中期选举 ① 期间，英国《卫报》曾发表了一篇社论文章，里面有个词非常有趣。如果你能学会并掌握这个单词，相信美国人都会对你竖起大拇指。

先来看这个单词出现的语境：

The electoral system is already warped by years of gerrymandering.

译：（美国的）选举体系经过多年的 gerrymandering 已经变得扭曲。

重点来看 gerrymandering 这个词，它的原形是 gerrymander。

gerrymander 是一个美国政治术语，表示"不公正的选区划分"。从构词法来看，它是一个合成词，由 gerry 和 mander 组

---

① 美国中期选举，是指在美国总统任期第二年 11 月举行的选举，每四年定期举行。大部分国会议员会在中期选举中改选，部分州还会选出新任州长。

成。Gerry 其实是一个人名，请注意发音，当它作人名时，g 念成 /g/，Gerry 音译为"格里"，但在 gerrymander 里，g 发 /dʒ/；mander 是 salamander 的后半部分，salamander 是一种有点像蜥蜴的两栖动物，在汉语中称为"蝾螈"。

所以 gerrymander 的字面含义是"格里蝾螈"。你可能会感到奇怪，格里这个人以及蝾螈这种动物，跟美国的选区划分，乃至跟美国的政治有何关系？有趣的地方就在这里！我们先从美国的选举制度说起。

按照一般人的理解，一人一票的选举应该是票数多者获胜，但是在实际操作中绝非这么简单。假如有 50 位选民，30 位选蓝色的民主党，20 位选红色的共和党，那最后民主党一定会赢得选举吗？未必。因为在美国的选举制度中存在选区，一个选区内"赢者通吃"，英文叫 winner takes all。

这 50 个人是要被划分选区的，第一种划分方法：把这些人纵向划分成 5 个选区，2 个选区全部支持共和党，另外 3 个选区全部支持民主党，所以 5 个选区的 5 票当中，共和党得 2 票，民主党得 3 票，民主党获胜。这种划分方式最符合选民意愿。

第二种划分方法：把他们横向划分成 5 个选区，每个选区都是共和党 4 票，民主党 6 票，按照赢者通吃的规则，这 5 个选区的 5 票都要归民主党，所以民主党 5 票，共和党 0 票，这种结果显然并不符合选民意愿，因为毕竟还有 40% 的人投了共和党。

再来看第三种划分方法：也是分成 5 个选区，但是划分得七弯八拐，呈不规则形状，但这样划分将会产生非常神奇的效果

（见下方示意图，其中横条纹方格代表共和党，竖条纹方格代表民主党）。

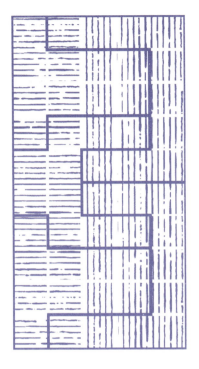

1号选区中，共和党1票，民主党9票，1号选区民主党胜。

2号选区中，共和党1票，民主党9票，2号选区民主党胜。

3号选区中，共和党6票，民主党4票，3号选区共和党胜。

4号选区中，共和党6票，民主党4票，4号选区共和党胜。

5号选区中，共和党6票，民主党4票，5号选区共和党胜。

按照这种方式划分，最终5个选区的5票，共和党拿3票，民主党拿2票，最后是共和党获胜。处于劣势的共和党经过这种七弯八拐的选区划分，竟然破解了必输的死局。不过，这个结果是违背选民的意愿的。

这不禁让我想到了田忌赛马的故事。齐国大将田忌很喜欢赛马，有一回他和齐威王举行赛马比赛。他们把各自的马分成上、中、下三等。比赛的时候，上等马对上等马，中等马对中等马，下等马对下等马。由于齐威王每个等级的马都比田忌的强，三场比下来，田忌都输了。军事家孙膑见状向田忌支了个招，他让田忌先用下等马对齐威王的上等马，第一场田忌输了。第二场比赛中，他让田忌的上等马对齐威王的中等马，于是田忌胜了第二场。第三场比赛中，他让田忌的中等马对齐威王的下等马，田忌又胜了一场。田忌胜两场，输一场，最终赢了齐威王。

马还是原来的马，只是调换了一下出场顺序，就可以反败为胜。正如美国的中期选举，选民还是一样的选民，换种选区划分方式，处于劣势的一方依然能赢。了解了这些背景，再回到 gerrymander 这个词，我来讲讲为什么会产生 Gerry 这个人名和 salamander 这种动物合成的词。

你还记得前面提到的七弯八拐的选区划分吗？你看划分出来的形状像不像一条歪歪扭扭的蝾螈？

这样一种不公正的选区划分的始作俑者，是时任美国马萨诸塞州州长的共和党人埃尔布里奇·托马斯·格里（Elbridge Thomas Gerry）。1812 年，他将某一选区划分成不寻常的类似蝾螈的形状，以让他所属的党派获胜。于是，格里的政敌将格里的姓氏 Gerry 与"蝾螈"一词中的 mander 组合成 gerrymander，用来讽刺为照顾党派利益而不公平划分选区的方式，gerrymander 一词沿用至今。

　　总而言之，美国的选举制度是有缺陷的，按照选区划分来投票，并且奉行"赢者通吃"的原则，才让"格里蝾螈"的操作有了生存空间。

骰子：投出的命运已无法收回

骰（tóu）子大家都见过吧？也叫色（shǎi）子，在你的老家管它叫什么？

有人问我：为什么骰子的英语是 die？这不是"死"的意思吗？

我查了一下词典：dice 是骰子的复数形式，die 是其单数形式。

掷骰子叫 roll the die（dice），摇骰子叫 shake the die（dice）。不过，一般掷骰子和摇骰子都要用到两个或多个骰子，所以复数形式 dice 更常用。

但不管怎样，为什么骰子的英文跟表示"死"的 die 用了同一个词？

这里就要说到表示"骰子"的 die 的词源了。

表示"骰子"的 die 来自古法语的 de，复数形式 dice 的古法语是 des。而表示"死"的 die 来自古北欧语的 deyja（表示

dead）。

所以表示"死"的 die 和表示"骰子"的 die 的源头不同，只不过拼写恰好一样。

不过有趣的一点是，作为赌博代表物品之一的骰子，跟表示"死"的 die 拼写相同，可以很好地警醒世人："Gambling could be deadly!（赌博可能是致命的！）"。

再介绍一个跟 die 有关的英文俗语"The die is cast."，字面翻译过来是"骰子已被掷下"，类似汉语里的"开弓没有回头箭""木已成舟""覆水难收"。

这句话出自罗马共和国的恺撒大帝，原文是拉丁文——Alea iacta est。当时，恺撒作为罗马共和国高卢行省的长官将要卸任，按照规定应该回罗马。但恺撒害怕政敌（庞培和元老院共和派人士）对自己下毒手，便想率军回罗马。

当时，卢比孔河是罗马共和国的一条边界河，按照规定，行省长官不得带领军团越过卢比孔河，否则即视为叛乱。过河前的恺撒也犹豫再三：率军，无异于叛国；不率军，大概率会被政敌整死。

最终，为了保全自己，恺撒还是决定率领大军越过卢比孔河，放手一搏，搏赢了能当老大，搏输了大不了一死。

做出决定的时候，恺撒说了"Alea iacta est."这句名言。在现代英语中，当决定做一件决定成败的大事时，人们往往会说"The die is cast."，以此表示掷出的骰子无法收回，但谁也不知道最后的数字是几。

"死掉的总统"：人人都稀罕的东西

有读者问过我一个有趣的问题：dead president 是什么意思？

dead president 的字面意思是"死掉的总统"，其实这个短语指的是"美元"，因为美元上印的都是"死掉的总统"……

估计有人会问："如果我真的想表达'死掉的总统'，该怎么用英语表达呢？"在特定语境下，dead president 可以表示"死掉的总统"，但 late 这个词会更有礼貌一些，英文释义为"(of a specific person) no longer alive"，即"（人）已故的"。

例句：The late President Kennedy once said, ask not what your country can do for you, ask what you can do for your country.（已故总统肯尼迪曾说，不要问国家能为你做什么，要问你能为国家做什么。）

美元对美国称霸世界起到至关重要的作用，美国之所以称霸世界，主要靠三种手段：军事、科技和金融。

美元作为全球性货币，在全球支付结算、外汇交易、储备资产等方面占据统治性地位，为美国实现全球霸权提供了金融上的重要支撑，被称为"美元霸权"（Dollar Hegemony）。

美元有很多种表达方法，最正式的是 US dollar，前面提到的 dead president 是美元的绰号。美元还有一个绰号——greenback（直译为"绿背"），因为美元的背面是绿色的。美元纸钞的背面印有这么一句著名的话："In God We Trust."。

这个句式很高级，其正常语序是"We trust in God"。把 in God 放到句首，更能体现出美国人信仰之虔诚，也彰显出他们自认为是"上帝的选民（chosen people）"的那份自豪感。同时，在念"In God We Trust"的时候，更有抑扬顿挫的节奏感。

接下来，再说说美元中的硬币体系。

记住四个词就可以了：penny（1 美分）、nickel（5 美分）、dime（10 美分）、quarter（25 美分）。

在俚语中，人们经常用这两个词表示美元：buck 和 grand。

1 buck = 1 dollar（1 美元），例如，"The meal costs me 10 bucks.（这顿饭花我 10 美元）"。

1 grand = 1000 bucks = 1000 dollars（1000 美元），例如，"I just paid 1 grand for the concert, but it's going to be worth it because my favorite band is playing.（我刚刚花了 1000 美元买了这场音乐会的门票，但这是值得的，因为我最喜欢的乐队会表演）"。

下面再来说说另一个问题：为什么 dollar 可以加 s，而 yuan 不能加 s？

这就要说到 dollar 一词的演变史了，下面的解释来自《牛津词典》。

from early Flemish or Low German daler, from German T(h)aler, short for Joachimsthaler, a coin from the silver mine of Joachimsthal（"Joachim's valley"）, now Jáchymov in the Czech Republic. The term was later applied to a coin used in the Spanish-American colonies, which was also widely used in the British North American colonies at the time of the American War of Independence, hence adopted as the name of the US monetary unit in the late 18th century.

由上面的词源解释可知，dollar 这个词来自早期的佛兰芒语或低地德语的 daler，德语 T(h)aler，中文译名是"塔勒"或"泰勒"。这是一种在欧洲使用了 400 多年的银币名称及货币单位。

在德语中，thal 意为"山谷"，thaler 意为"来自山谷的人或事物"。Thaler 是一种硬币类型，来自一个名叫 Joachim's valley（约阿希姆山谷）的地方，位于现今捷克共和国的 Jáchymov（亚希莫夫市）。

1518 年，约阿希姆山谷中的一个银矿开始铸造硬币，将这种硬币命名为 Joachimsthaler（约阿希姆塔勒），简称 Thaler。后来这种硬币被西班牙殖民者带到美洲。在美国独立战争期间，塔勒硬币也被广泛用于英属北美殖民地。在 18 世纪后期，Thaler

这个说法被美国政府借用，开始作为美国货币单位的名称。

所以，dollar 一词的源头就是约阿希姆山谷生产的塔勒硬币。因为硬币是一个个能数得出数的，根据英语语法，它是个可数名词，自然可以在词尾加 s。

再来看 yuan，很明显这是汉字"元"的音译，在英文中属于外来词。而汉语是没有单复数变化的，比如，两个苹果和两百个苹果中的"苹果"这个名词是没有任何词形变化的。所以英文中的 yuan 也要符合汉语规律。权威词典也明确注明，yuan 的复数形式也是 yuan，没有单复数变化。

感谢那位读者提出的问题，虽然问题看着挺无聊，但深究下去，竟然能挖出这么有意思的历史故事。俗话说"Everything happens for a reason.（万事皆有因）"，任何无聊的常识，只要多问一个为什么，就会发现它有趣的一面。所以，请多问为什么吧！

温良与顺服："乖"与"孝"背后的
文化逻辑

我之前在网上看到了一个有趣的话题：英语里好像没有"乖"这个词，这是为什么呢？

一位网友说，自己在学英语时，突然想到一直不知道"乖"怎么说，上网查也查不到。

他还回忆看过的英剧、美剧、电影，好像英语中的确没有"乖""听话"的概念，所以他猜想："乖"是否为中文独有的概念，跟东亚文化是否有关系。

说起"乖"的英文表达，我第一个想到的就是 good boy/girl（乖孩子），我们经常能听到外国人对自己的狗狗这样说。

其实除了 good，还有 cute、sweet、kind 之类的词，这些词的本质是鼓励、教育小孩要善良，当个好孩子。

而中文里的"乖"，更偏重的是希望孩子听话、懂事。

如果按照这个逻辑来思考，英语中倒是有这些词——

obedient：顺从的

meek：温顺的

submissive：顺服的

docile：易于管教的

但这些词不是口语中用来夸小孩听话的褒义词。

还有一个说法，美剧《生活大爆炸》里的谢尔顿用过——"Be a lamb."。

很明显，这里的 lamb（羊）略带贬义，羊是温顺的动物，让别人当一只羊，实际上就是让对方别反抗，要照别人说的做。

我还想到一个可能和"乖"的意思比较相近的动词——behave（守规矩，举止得体）。

西方父母经常对小孩说"Behave yourself.（守规矩）""Be a well-behaved boy/girl.（做一个守规矩的孩子）"，但 behave 和 well-behaved 侧重于教育小孩举止得体，中文里的"乖"的侧重点是让小孩听话，两个词听起来有点差异。

这个话题让我想到了另一个相关的话题：中国人讲究的"孝"到底该怎么翻译？

还记得刘亦菲主演的迪士尼电影《花木兰》吗？木兰被贴上了四个美德标签——忠、勇、真、孝。

其中，"忠"被翻译为 loyal，"勇"被翻译为 brave，"真"被翻译为 true，这三层品质西方人能理解，因为它们也是西方传统思想的组成部分。

而这个"孝"字，就不那么好翻译了。这里先卖个关子，一会儿再告诉你电影里是如何翻译的。

我查了中英词典，发现"孝"最常见的翻译是 filial piety。

filial 是形容词，表示"当子女的"；piety 是名词，表示"虔诚"，其形容词形式为 pious。

其实 filial piety 翻译得很准确！用大白话来解释，就是"对父母要虔诚"，说得再具体点，指儿女的行为应顺从父母及家族长辈的意愿。

举个例子，经常有人把"不孝有三，无后为大"挂在嘴边，秉持着这一观念的人认为，父母要你生孩子，你不想生，这就是天大的不孝，因为你没有顺从父母的意愿。（该句出自《孟子·离娄上》："不孝有三，无后为大。舜不告而娶，为无后也。君子以为犹告也。"意思是："不孝顺的行为有很多种，没有子孙后代是最大的不孝。舜没有禀告自己的父母就娶了妻子，是怕没有后嗣。君子认为舜虽然没有禀告父母，但也相当于禀告了。"）

西方人对这样的理念是无法理解的，纪伯伦《论孩子》中的诗句讲得很明白：

They come through you but not from you, and though they are with you, yet they belong not to you.（他们借助你来到这世界，却非因你而来；他们在你身旁，却并不属于你。）

西方人认为子女是独立的个体，父母不能把自己的意志强加到子女的身上。

回到迪士尼《花木兰》的台词。

翻译很聪明，从一个全新的角度诠释了"孝"，从而得到了西方人的认同。

"孝"被翻译为 devotion to family，即对家族的奉献，而西方人也很在意家族的荣誉。

但 devotion to family 和"孝"的内涵偏差不小，充其量只能算意译，但这或许是为了跨文化传播的便利性而做出的善意妥协吧。

说到底，语言是文化的载体，文化不同，怎能苛求语言一致？

"温良恭俭让"是儒家文化留给中国人的传统智慧，但如果父母只注重培养孩子乖、听话、懂事，这样做可能会打压孩子的个性。

总而言之，文化没有对错好坏之分，正如白天不懂夜的黑，这是两种截然不同的世界观、人生观。

关于美的言说：高级感拉满的古典表达

中文和英文一样，都是不吝啬赞美的语言。

说一个人很美，中文有很多成语：沉鱼落雁、闭月羞花、倾国倾城、出水芙蓉、国色天香……列举的每一个成语都关联一个典故，用起来特别典雅、有韵味。

如果让你用英语夸一个人美，你会说什么？Beautiful？Amazing？Gorgeous？

今天给大家推荐一个形容一个人倾国倾城的英文短语，特别有文化底蕴哟：the face that launched a thousand ships。

字面含义是"一张发动了上千战舰的脸"。

看到这里你肯定会很蒙："脸"怎么跟"战舰"扯上关系了？

这种感觉就跟外国人看到中文的"沉鱼落雁"一样，不明白典故，就不明白用法。

the face that launched a thousand ships 出自莎士比亚之前最杰出的戏剧家——克里斯托弗·马洛。

先来看看他创作的戏剧原文：

Was this the face that launched a thousand ships,

这就是那张让上千战舰齐发，

And burnt the topless towers of Ilium?

焚毁了伊利昂高耸入云的巨塔的脸蛋吗？

Sweet Helen, make me immortal with a kiss.

美艳绝伦的海伦啊，请给我一个吻，使我永恒不朽。

Her lips suck forth my soul: see, where it flies!

她的嘴唇吸走了我的灵魂，看啊，它在那儿飞翔！

Come, Helen, come, give me my soul again.

来吧，海伦，来吧，把我的灵魂还给我吧。

Here will I dwell, for heaven be in these lips,

我将在这儿居住，因为天堂就在这些吻中，

And all is dross that is not Helena.

除了海伦娜，一切都是渣滓。

……

戏剧中提到的海伦是众神之王宙斯与斯巴达王后勒达所生，她拥有倾国倾城之貌，号称"世间最美的女子"。当她谈婚论嫁时，希腊的英雄好汉都来到斯巴达王国求婚。

为了避免其他人跟最终的选中者结仇，海伦的后父——斯巴达国王廷达瑞俄斯想出了一个办法：要求所有求婚者发誓，跟选

140

中者结盟。

被选中的幸运儿是墨涅拉俄斯，他与海伦结婚后，也继承了斯巴达的王权，成为新任斯巴达国王。

后来，特洛伊王子帕里斯出使斯巴达，他觊觎海伦的美貌，用计谋将其掳走。

被抢了妻子的墨涅拉俄斯大怒，根据当年的结盟誓言，他召集希腊各地英雄，集结了一支庞大的联军，由兄长阿伽门农率领，发动上千艘战舰，浩浩荡荡地征讨特洛伊。

而这一切仅仅是因为海伦一人。

看到这里，你应该能明白 the face that launched a thousand ships 的用法了吧。

如果你用 the face that launched a thousand ships 来描述一位女子的美貌，那么在你心中，她就是能跟海伦媲美的世界上最美的女子了。

下次，当你看到一位倾国倾城的绝世美女时，别再用 beautiful 了，说 the face that launched a thousand ships 绝对可以让你的语言表达瞬间充满"高级感"！

大学社团的传承：从哈佛大学校门上的猪头说起

有位在哈佛大学读书的读者告诉我，他们学校里的一座拱门上挂了个"猪头"。

这可不是个真的猪头，而是一个雕刻得栩栩如生的野猪头，高悬在拱门顶端正中央，猪头上方是哈佛引以为傲的校训——Veritas（真理）。

一个天才学子云集的地方，却赫然在校门上悬挂一个雕刻的猪头，有何寓意？

难道是为了提醒哈佛学子不要恃才自傲，要像猪一样谦虚？

或者，这是哈佛的自吹自擂，一个"猪头"来到哈佛也能变成精英？

为了搞清楚这一点，我特地去了哈佛大学的官网查了查。

这座拱门有点年头了，建造于 1901 年，由一个叫 Porcellian

Club（坡斯廉俱乐部）的社团捐赠，故该拱门被命名为 Porcellian Gate。

为了进一步弄清楚"猪头"的问题，我又查到了下面一段文字，这才真相大白。我看了不禁惊呼：短短一段文字竟蕴藏了这么多文化知识！我们先来看前半段文字。

The Porcellian Club is an all-male final club at Harvard University, sometimes called the Porc or the P.C. The year of founding is usually given as 1791, when a group began meeting under the name "the Argonauts".

这段文字的大意是，这个坡斯廉社团是哈佛大学的一个男子社团（兄弟会），通常被认为成立于 1791 年。当时一群学生在 Argonauts 的名义下举行了首次会议。

先讲讲这个 Argonauts。

Argonauts 是希腊神话中的名词，由 Argo（"阿尔戈号"）和 naut（船员）两部分构成。

"阿尔戈号"是希腊神话中的一艘船，由伊阿宋等希腊英雄在雅典娜的帮助下建成，众英雄乘该船取得金羊毛。"金羊毛"是古希腊神话中的稀世珍宝，不仅象征着财富，还象征着冒险和不屈的意志，许多英雄和君王都想得到它。

后来，"阿尔戈号"作为进献给雅典娜的祭品被焚毁，南天星座之一的南船座便由此而来。

这帮学生不愧是哈佛的，自比希腊神话中"阿尔戈号"上的众英雄。这么"高大上"的社团为何跟猪扯上关系？咱们继续看。

...or as 1794, the year of the roast pig dinner at which the club, known first as "the Pig Club" was formally founded.[……还有一种说法是该社团成立于1794年，在那一年的烤猪宴会上，该社团正式成立，故被称为 the Pig Club（猪社）。]

可见该社团跟猪扯上关系，只是因为它是在烤猪宴会上成立的，并没有什么深刻的寓意。

咱们继续看后半段文字。

The club emblem is the pig and some members sport golden pigs on watch-chains or neckties bearing pig's-head emblems.（该俱乐部的象征是猪，一些会员故意穿戴镶有金猪图案的表链，领带上也佩有猪头徽章。）

对了，这里顺带讲一个重要的词——sport。这句话中的 sport 跟"运动"无关，而是作动词，表示"穿戴、展示（特殊或引人注目的东西）"。例如，"He was sporting a T-shirt with a big Nike logo.（他故意穿了一件带有大大的耐克标志的 T 恤衫）"。

维基百科上还介绍了该社团的口号：

The club's motto, Dum vivimus vivamus (While we live, let us live) is Epicurean.

该社团的口号用的是拉丁文 Dum vivimus vivamus，翻译成英文是"While we live, let us live."。

不知道大家有没有注意到，介绍该社团性质的时候，第一句中出现了 final club 的字眼？那什么是"最后的社团"？

大学里有社团不新鲜，但不是每个社团都能被称为 final club。除了哈佛的坡斯廉社团，比较有名的大学社团还有：

耶鲁大学的 Skull & Bones
普林斯顿大学的 Ivy club
宾夕法尼亚大学的 Friars Senior Society
达特茅斯学院的 Sphinx Club
剑桥大学的 Pitt Club
牛津大学的 The Gridiron Club

如果一个社团被称为 final club，大概是指它可以算是人生中的终极社团，进入 final club 是身份的象征和拥有高端人脉的保证。

西方政界、商界的高层很多都曾是这些 final club 的成员。

前面提到的"猪社"是哈佛大学最出名的精英社团，它的成员涵盖美国总统、参议员、州长、哈佛校长等。

有传言称，如果"猪社"的会员在 30 岁时还没有挣到 100 万美元，那么社团就会给他 100 万美元。

查了这些背景后，我不禁倒吸一口冷气：这读的不是大学，而是人脉啊！

王权与荣耀：君王、贵族称呼之下的文化差异！

有读者问过我一个有趣的问题：为什么称呼英国女王时要说 Your Majesty，而不是 My Majesty 呢？

这个问题真是太好了，背后蕴含着很多知识。

影视剧里都把 Your Majesty 翻译为"陛下"，虽然这么翻译没错，但会对我们造成思维定式，让我们产生为什么用 your 却不用 my 的困惑。

是不是觉得 majesty 长得像 major？

没错，这两个词是同源的，majesty 最初的意思就是"伟大"，后来慢慢演变成 royal power，即"君权，王权"。

所以，面对一个君主，称其为 Your Majesty（你的王权），这在逻辑上是对的。如果说 My Majesty，就变成"我的王权"了。怎么，想造反？

另外，Your Majesty 是面对君主时使用的，如果跟别人谈论君主时要用第三人称，需根据其性别在前面加上 His 或者 Her。比如，谈论英国女王时，要说 Her Majesty；谈论西班牙国王时，要说 His Majesty。

例如：Her Majesty delivered a speech prior to the dinner.（在晚宴前，女王陛下发表了演说。）

值得注意的是，majesty 一词只能用于国王或女王，也就是一个君主国的"一把手"，其他王室成员，哪怕是女王的丈夫，都要降一级。

比如，英国女王伊丽莎白二世的丈夫菲利普亲王，第二人称是 Your Royal Highness，第三人称是 His Royal Highness，相当于"殿下"。

英国的贵族体系比较复杂，简单来说，可以分为公、侯、伯、子、男。

有爵位的贵族，男性一般被称为 My Lord，女性被称为 My Lady。公爵夫人、侯爵夫人可以称 Your Grace。

这里的 Lord 和 Lady 分别表示"大人""夫人"，所以前面加 My 是对的，但 Grace 一词的用法跟 Majesty 类似，前面需要加 Your。

说到 Grace，有人可能要问了：国王和女王除了可以用 Majesty，用 Grace 是不是也可以？

这里给大家补充一点西方历史知识。

在欧洲中世纪前期，国王和女王的确被称为 Your Grace，那时教皇地位最高（被称为 Your Holiness），国王和其他封建领主是平起平坐的关系，因而其他封建领主也可以被称为 Your Grace。

到了中世纪后期，国王力量加强，为了压封建领主一头，开始采用 Your Highness 的称呼。从近现代起（确切地说，从亨利八世开始），才确定了 Your Majesty 的称呼，Majesty 代表着王权。

现如今，Majesty 只能用来尊称国王和女王。既然 Grace 和 Highness 不再用于国王和女王，那么其他王室成员就可以用。以现今的英国王室为例，只有查尔斯三世国王可以被称为 Your Majesty，其他王室成员均用 Your Highness 来称呼。

说完对君王的称谓，咱们再来说说君王怎么称呼自己。讲西方君主的自称前，先说说我国君主的自称。

先秦时期，诸侯国的君主一般自称"孤""寡人"，那些称了王的，可自称"本王"。

随着秦朝建立，嬴政创立皇帝尊号，规定"朕"专作皇帝自称，你可以把它理解为升级版的"孤"和"寡人"的结合体，只是档次更高了。"朕"这个自称直到 1912 年清朝统治结束才停止使用。

以上是中国的君王自称，我们再看看西方。以英国为例，在英国国王行使国王权力的正式场合，他会用复数形式 We 来自称，但其实，这个 We 指代的是 The Royal We；此外也可采用第三人称形式。举一个例子，当国王的私人助理询问他是否已经考虑了某事，国王可能会回复"He has..."或者"We have..."。不过，大多数情况下，国王还是会用 I 来自称。

这里再跟大家讲一下英国著名的维多利亚女王说过的一句著名的话："We are not amused."。

据说维多利亚女王曾在温莎城堡举办晚宴，席间有人大讲八卦丑闻，女王听了，冷冷地说："We are not amused."。

用中文可以翻译为："朕不觉得有趣。"

这个典故来源的真假不得而知，但这句话确实成了英国人给别人泼冷水时常说的一句话。

这里的 we，不是指"我们"，而是君主的自称，语言学家称之为 the Royal We，相当于中文里的"朕"。

其实不只是英国，欧洲很多国家的君主都有这样使用语言的传统，在拉丁文中，叫作 Pluralis Maiestatis，用英文来说，就是 Majestic Plural（君王专用的复数）。

究其根源，还是君权神授（divine right of kings）的思想在起作用。我们来看看已故英国女王伊丽莎白二世的完整头衔：

Elizabeth II, by the Grace of God, of the United Kingdom of Great Britain and Northern Ireland and of Her other Realms and Territories Queen, Head of the Commonwealth, Defender of the Faith. （伊丽莎白二世，托上帝洪恩，大不列颠及北爱尔兰联合王国及其他领土和属地的女王、英联邦元首、基督教的保护者。）

头衔的第一部分是"Elizabeth II, by the Grace of God",这意味着她自认为是上帝在世间的代表。

西方的君王认为自己的权力来自上帝,所以自称的时候,还得把上帝拉进来,构成 We。

这种"绑定"给了欧洲的君王极大的安全感,因为如果有人胆敢反抗君王,那就意味着反抗上帝。

说完君王,最后我们说说贵族以外的社会"高层"人士的尊称。

其中最著名的莫过于对法官的尊称了,你可能听说过 Your Honor 的说法。

外国的元首、大使,或者身居要职的到访贵客,会被称为 Your Excellency,相当于"阁下"。

这里的 Honor 和 Excellency 的用法跟前面的 Majesty、Grace 的用法一样,都是某种荣誉、荣耀,前面都要加 Your,这样逻辑才对。

Honor 我们都很熟悉,表示"荣耀",Your Honor 就是"荣耀归于你"的意思。

人们用 Your Honor 称呼法官,足以见法官社会地位之高了,中文可以翻译为"法官大人"。

英文里类似 Honor 的词还有很多,例如,Grace、Holiness、Reverence、Majesty、Highness、Excellency、Magnificence。

这些词都具有强烈的褒义色彩,表达"尊贵、庄严、荣耀、崇敬、完美"等含义，因而这些词都可以与人称代词搭配使用，彰显对方尊贵的社会地位。比如，可以用于尊称大主教、王室成员、国家元首、著名学者、贵族、行政长官，其含义相当于中文的陛下、殿下、阁下、大人等。

这里需要指出一点，这些词前面可以加表示第二人称的 Your 和表示第三人称的 His/Her，代表不同的视角。我们以 Excellency 为例，若直接跟对方对话，要称对方为 Your Excellency；如果在别的场合提到这位人物，要根据其性别，称其为 His Excellency 或 Her Excellency，在名牌上通常简写为 H.E.。

再说说 Queen，为什么称其为 My Queen，不是 Your Queen。因为 queen 本质上是一种职位——女王或王后。英文中还有 king、lord、ruler、master 等词，意思与中文里的"主人、主公、老爷、当家的"等比较类似。这些词的感情色彩偏中性，并无尊崇、赞美之意，只是描述对方头衔或职务的客观称谓。虽然头衔是对方的，但并不含有"某种品质归属于对方"的含义，因此不需要用 Your，用 My 就可以了。以 lord 为例，My Lord 就是"我的主人"或"我的老爷"。

对了，lord 和 lordship 不一样，lord 是客观的头衔，称呼对方用 My Lord 即可；而 lordship 是一种贵族身份，包含尊崇、赞美之意，且暗含有"某种品质归属于对方"的意思，因此要用 Your Lordship。

后宫的阶梯：成为皇后之前要走的路

要问国内宫斗剧的天花板是哪一部？非《甄嬛传》莫属了！

十余年前，《甄嬛传》初登屏幕，凭借着跌宕起伏的剧情、演员出神入化的演绎，在追剧人心中留下了不灭的痕迹。

至今,《甄嬛传》在网上的讨论热度不减，从台词梗到表情包，从搞笑弹幕到二次创作，网友们的创意层出不穷，以至于诞生了一门学问——"甄学"。

你知道那些极具清宫特色的嫔妃的封号到底怎么翻译吗？

国内有一些网友进行过搞笑翻译。

华妃：Hua fly

菀嫔：Bowl poor

安常在：Safety always here

曹贵人：Cao so expensive

叶答应：Leaf agree

看完是不是有种五雷轰顶的感觉?

我们先梳理一下清朝后宫的嫔妃体系,一共八个级别,分别是皇后、皇贵妃、贵妃、妃、嫔、贵人、常在、答应。

最高一级的皇后用 empress,可以看作 emperor(皇帝)的"女版"。

比皇后低一级的是皇贵妃,主角甄嬛到头来也只位及贵妃,熹贵妃被翻译为 Noble Consort Xi。

记住,贵妃的"贵"不能用 expensive,人不是货物,形容人应该用 noble 一词,表示"高贵的"。

"妃"也不是 fly,翻译成 consort 就很合适,表示"(统治者的)配偶"。

皇贵妃比贵妃高一级,Noble Consort 前加个 Imperial,表示"皇家的"。

比贵妃低一级的是妃,因此去掉修饰词 Noble,单独用 Consort 就可以了,所以华妃不是 Hua Fly,而是 Consort Hua。

比妃低一级的是嫔,英文用 Concubine。

concubine 这个词尤指旧时的妾,陈凯歌的《霸王别姬》就被翻译为 Farewell My Concubine。

比嫔低一级的是贵人,可以译为 Noble Lady,也就是"高贵的女士"。

比贵人低一级的是常在,英文不是 always here,而是 First Attendant。

attendant 在现代语境中表示"服务人员",比如空中乘务员就是 flight attendant。而在古代宫廷中,该词表示"侍从"。

常在翻译为 First Attendant 很合理,表示"一级女侍"。

比常在低一级的,也是嫔妃体系中最低一级的是答应,这里的答应不是"答应别人"的答应,可不能翻译为 agree。

既然常在是 First Attendant,那么比常在低一级的答应就是 Second Attendant。

前面提到过,甄嬛作为嫔妃最终位及贵妃,其实她最终的身份是圣母皇太后,这才是真正的清宫之首,比皇帝地位还高,英文是 Empress Dowager。

这里的 Dowager 表示 a woman of high social rank who has a title from her dead husband,也就是"(具有亡夫头衔的)孀居贵妇"。

另外,嫔妃体系中的低级嫔妃有个称呼——小主,英文是 Young Mistress。mistress 在现代的意思是"情妇",在古代是指"雇用仆人的女主人"。

而高级嫔妃也有个称呼,叫"娘娘",英文可译为 My Lady 或者 Your Highness,前者偏口语化,后者更正式。

对了,在后宫侍奉这些嫔妃的男性侍从是太监,英文是 eunuch,他们往往自称"奴才",英文翻译是 Your Unworthy Servant,您一文不值的仆人,真是翻译出味道了。

最后总结一下。

太后：Empress Dowager

皇后：Empress

皇贵妃：Imperial Noble Consort

贵妃：Noble Consort

妃：Consort

嫔：Concubine

贵人：Noble Lady

常在：First Attendant

答应：Second Attendant

是医生还是博士：时间锻造学识与技艺

你看过"卷福"——本尼迪克特·康伯巴奇主演的电影《奇异博士》（*Doctor Strange*）吗？该片讲述了神经外科医生史蒂芬·斯特兰奇（Stephen Strange）在一次车祸中受伤，导致双手无法再进行手术这样的精细操作，最后在神秘魔法师的帮助下，他成了拥有超凡魔力的奇异博士。

有读者就有疑问了：主角不是医生吗？为什么不翻译为"医生"，而译为"博士"？

这个问题其实引出了另一个非常有意思的问题：英文中doctor这个单词，既指"医生"，也指"博士"，外国人怎么区分？

首先我们来看看doctor的定义。

doctor的第一层含义是"接受过专业医学训练、给他人治病的人"，即"医生"。第二层含义是"获得大学最高学位的人"，即

"博士"。

从词源来看，doctor 来自拉丁语，意思同 teacher。这两个词在构词法上是一样的，词根 doc 同 teach，表示"教"；后缀 or 和 er 表示"人"。

根据我的考证，早在大学和学位诞生之前，就有 doctor 这个词了，表示 a learned person（知识渊博的人），而且还是一个得到权威认证、有资格教授他人知识的人。

大约在 11 世纪的欧洲诞生了现代西方大学的雏形，叫作 Guild，其本质是一种专业人员带徒弟的组织。

Guild 的体系分三个等级：第一档是 Apprentice（学徒）；第二档是 Journeyman（熟练工人）；第三档是 Master（教师），也被称为 doctor，达到这个等级就可以带徒弟了。

上述的 Apprentice、Journeyman 和 Master 可以算是现在的 bachelor's degree（学士学位）、master's degree（硕士学位）和 doctor's degree（博士学位）的前身。

综上所述，doctor 的本意是"在某个领域造诣很高的人"。

在美国，医生都是在医学领域造诣很高的人，而且通常都是拿到医学博士学位的人。医学博士的英文全称是 Medical Doctor，简称为 M. D.，而其他类型的博士一般简称为 Ph. D.。

所以，英文里的医生和博士并不是并列关系，而是上下义关系，医生是博士的一种。换句话说，医生都是博士，但博士不一定都是医生。

再说说二者如何区分。

医生和博士确实都可以用 doctor 来称呼，比如 Doctor Lee，翻译为"李医生"还是"李博士"，要看具体场景。大学里的 doctor 基本指"博士"，而在医院里的 doctor 基本指"医生"。

口语中还有一种情况要注意，如果你想表达"某人是一个医生"时，可以说"Someone is a doctor."，但想表达"某人是一个博士"时，则要说"Someone has a doctor's degree."。

其实，doctor 表示"医生"时是个很宽泛的概念，生活中人们往往会说出具体哪种医生，比如，surgeon（外科医生）、physician（内科医生）、dentist（牙医）、pediatrician（儿科医生）等。

最后补充一个小常识。美国的医生一般都是医学博士，他们的名片上都会突出 M. D. 这个金字招牌，不过得到这个招牌所付出的代价也是巨大的。

一名正式医生要经过四年本科的专业学习，之后还要经过四年的硕博连读才能拿到医学博士学位。在正式上岗前，他们至少还有三年的实习期（internship）。

也难怪美国医生的年薪中位数大概在 30 万美元，是普通博士毕业生平均年薪的三倍左右。

关于"三体"的问题：宇宙的无限与生命的有限

我们都知道《三体》获得了代表着科幻界最高荣誉的"雨果奖"，这也是亚洲科幻作家第一次获得该奖项。一部中文小说能被西方盛赞，与其出色的英文翻译是密不可分的。《三体》的英文译者是刘宇昆，他也是一位科幻作家。首先给大家解释一下为什么《三体》的书名被译为 *The Three-Body Problem*，以及"三体"到底是什么意思。

先来看《三体》英文版的书名 *The Three-Body Problem*。这里的 body 不是指"身体"，更不是"尸体"，而是"天体"。三体问题其实是天体力学中的一个基本力学模型，研究三个天体之间在万有引力作用下的运动规律。地球、月亮、太阳之间的关系其实也算一个三体问题。

《三体》这本书中提出了很多令人脑洞大开的新概念，译者也不得不自创新词来对应这些概念，给大家举几例。

1. 三体人

书里提到的三体人是外星智慧文明种群，英文翻译是 trisolaran，这是译者的自创词，非常符合英文构词法。拉丁前缀 tri 表示"三"，词根 solar 表示"太阳"，最后的 an 是常见的表示"人"的后缀。

为什么词根选了 solar?

因为三体人生活在一个有着三颗恒星（也就是有三个太阳）的行星之上，书中的术语叫"三日凌空"，英文翻译是 Tri-Solar Day。

2. 脱水和浸泡

三个太阳带来的高温和强光导致三体人的生存环境特别恶劣，在漫长的演变过程中，三体人进化出了"脱水"这样一种类似休眠状态的能力，待到相对温和的时期再浸泡复苏。脱水的英文翻译是 dehydration，前缀 de 表示"去除"，如 deforest（砍伐森林）；中间的 hydro 是希腊词根，表示"水"，如 hydropower（水电）；最后的 tion 是常见名词后缀。再来看浸泡的英文，rehydration，前缀 re 表示"重新、再次"，该词表示脱水之后的再次补水复苏。

3. 智子

书中还提出了一个有趣的概念叫"智子"。智子是三体世界派往地球，用来监视并封锁人类科技的智能机器，英文翻译是 Sophon。这是个合成词，由 soph 和 proton 两部分组成。前半部分 soph 源自希腊语 sophos，意思为"智慧"，许多英文单词都含有这个词根，比如，philosophy（哲学）、philosopher（哲学家）、sophisticated（复杂精密的）、sophomore（大二学生，本质是"有更多智慧的"）等。

后半部分来自"质子"——proton，代表微观粒子。

所以，Sophon 这个词生动准确地传达了智子的含义：它是质子经过二维展开改造后形成的智能微观粒子。

4. 降临派、拯救派、幸存派

面对三体人，地球人中出现了三个派别：降临派、拯救派、幸存派。

降临派对人类的本性彻底绝望，希望三体人改造地球人，甚至毁灭地球人。

拯救派对于三体文明抱有宗教感情，信仰三体教，希望拯救三体人。

幸存派知道三体人要来地球，希望三体人放自己的后代一条生路，故选择为三体人"带路"。译者把这三个派别分别翻译为 the Adventists、the Redemptionists、the Survivors。

Adventists 来自 adventist，原义是"基督降临派人士"，源于 advent（到来）一词。

Redemptionists 来自 redemption 一词，表示"救赎"，电影《肖申克的救赎》的英文就是 *The Shawshank Redemption*。

survivor 这个词比较简单，意为"幸存者、生还者"，这里就不多解释了。

最后来分享《三体》中我最喜欢的三句名言的英文翻译。

1. 你的无畏源于无知。

Your lack of fear is based on your ignorance.

2. 空不是无，空是一种存在，你得用空这种存在填满自己。

Emptiness is not nothingness. Emptiness is a type of existence. You must use this existential emptiness to fill yourself.

3. 给岁月以文明，而不是给文明以岁月。

译者把这句话翻译为："Make time for civilization, for civilization won't make time."

这句英文看得人一头雾水，比中文还难懂。如果硬要把它翻译回中文，大意是"给文明留出时间，因为文明无法创造时间"，但似乎并不怎么贴合中文的原意。

中文的原意其实也挺难懂，我的理解是这样的：如果把"岁月"理解为人的生命，把"文明"理解为意义和价值，那么这句话的意思就是"与其拼命给自己的生命增加时间，不如让自己有限的生命多一些意义和价值"。按照这个含义，英文里倒是有一句名言"Add life to your days, not days to your life.（给你的日子添加生命，而不是往你的生命里添加日子）"，换言之，生命的长度不重要，重要的是生命的厚度。

162

人间
的
称谓

4

The Titles
of the
World

女孩还是女士：女人的称谓与生活的节点

曾有一位读者向我提问，说他分不清 Mr.、Ms.、Miss。

如果你也像他一样，那么接下来一定要好好看我讲解。英语中有四个称谓：Mr.、Mrs.、Miss、Ms.。四者究竟有何区别，如何正确使用？尤其是最后一个 Ms.，很多人用不对。

Mr.

Mr. 是个缩写，美式英语最后有个小圆点，英式英语中没有小圆点，写作 Mr。Mr. 的全称是 mister，其实来自 master（男主人）这个词。Mr. 主要用来称呼成年男性，无论结婚与否，Mr. 后面都跟这位男士的姓氏，表示"某某先生"，比如，Mr. Smith（史密斯先生）。Mr. 后也可以跟全名，比如，Mr. John Smith（约翰·史密斯先生），但不能说 Mr. John（约翰先生）。

Mrs.

Mrs. 的全称是 mistress，现代英语中该词表示"情妇"，但在过去表示"女主人"，可以看作 master 的女版。Mrs. 主要用来称呼已婚妇女，后边跟的不是这位女士婚前的姓氏，而是她丈夫的姓氏，所以应翻译为"某某夫人"。

根据西方传统，女性嫁人后会随夫姓，比如我们熟悉的英国历史上第一位女首相——"铁娘子"撒切尔夫人，英文是 Mrs. Thatcher。Thatcher 是她丈夫的姓氏，她的本名是 Margaret Hilda Roberts（玛格丽特·希尔达·罗伯茨）。差点当了美国第一位女总统的克林顿夫人（Mrs. Clinton），也就是希拉里·克林顿，她的全名是 Hillary Clinton，但这并不是她的本名，她的本名叫 Hillary Diane Rodham（希拉里·黛安·罗德姆），跟克林顿结婚后，冠了丈夫之姓。

Miss

Miss 用来称呼未结婚的女子或 18 岁以下的年轻女子，后面自然跟的是她本来的姓氏，翻译为"某某小姐"。在此提醒一下，Miss 被用来称呼未结婚的女性，无论年龄大小，比如一生未婚的"香奶奶"可可·香奈儿（Coco Chanel），这是她的本名，哪怕她去世时 80 多岁了，仍应被称为 Miss Chanel。

Ms.

最后聊聊 Ms.，这个词容易跟 Miss 搞混。首先是发音，Ms. 的 s 发浊辅音，读作 /mɪz/，miss 读作 /mɪs/。

值得注意的是，Mrs. 和 Miss 都明确涉及婚姻情况，一个用于结了婚的女性，一个用于未结婚的女性，而 Ms. 这个称谓比较中立，不涉及婚姻，后接女性自己的姓氏，可以翻译为"某某女士"。

没结婚的大龄女性、结了婚想保留自己姓氏的、结婚了又离婚的，都可以用 Ms. 来称呼。由于 Ms. 后接女性自己的姓氏，让女性显得超然而独立，所以也深受女性欢迎。

那具体如何判断用哪个词呢？

1. 如果对方是男士，不管结没结婚，直接用 Mr.。

2. 如果对方是一个未满 18 岁的姑娘，用 Miss 没问题。

3. 如果对方是有夫之妇，并已公开冠上夫姓，用 Mrs. 加上其丈夫的姓氏，显得更正式。

4. 如果对方不是小姑娘，但你不确定对方的婚姻情况，用"Ms.+ 本人姓氏"最安全。

最后再补充一点，随着时代发展，英语中也诞生了一个新的称谓 Mx.，用来称呼不愿透露性别或不认同传统性别分类的人士，后面跟本人姓氏。另外，在公共场合称呼陌生人，不用带姓名，也不用管对方的年龄、婚姻情况，直接称呼 Sir（先生）或 Madam（女士，美式英语中为 Ma'am）就可以了。

如果你不确定对方的性别，称呼错了反而会引发不必要的问题，非得称呼的话，可以用 hello 或 excuse me，想更友好一点的话，可以用 friend 一词。

美好与治愈的降临：那些令人惊艳、回味的名字

你知道 epiphany 是什么意思吗？

epiphany，表示"顿悟"。

我曾看见一个人的英文名字就是 Epiphany，顿时惊艳到我了。

这个词源于希腊语 epiphainein，表示 reveal（显现），带有一定宗教色彩，或许可以翻译为"显灵"。

其实，epiphany 在英文中有两层含义。

一是基督教的节日——主显节。

二是表示一种一瞬间突然明白的感觉（a sudden and striking realization），即"顿悟"。

美剧《生活大爆炸》中，有一集佩妮突然感受到了生活的真谛，莱纳德"打蛇随棍上——因势乘便"，于是佩妮反讽莱纳德，"Leonard, I had an epiphany, not a stroke.（莱纳德，我只是顿

悟，不是突然中风）"。

另外，我发现 epiphany 经常被用作歌曲名，由好多歌手唱过以 Ephiphany 作为歌名的歌曲。

接下来，我为大家整理一些类似 epiphany 这样具有美好意义的单词，或许你可以用它们来做你的英文网名。

1. arrebol: *n.* 灿烂云霞

arrebol 实际上是一个西班牙语单词，用于描述天空在日出和日落时呈现出的红色或玫瑰色。这种现象在英文中被称为 rosy glow，非常漂亮。

2. murmure: *n.* 小溪潺潺、树叶沙沙

murmure 是一个法语单词，相当于英文中的 whisper 或 murmur，用于描述轻柔的声音，比如自然界小溪潺潺、树叶沙沙的声音，很治愈人心吧？

3. augenstern: *n.* 眼中的星星

augenstern 是一个德语单词，可以拆分为两个部分：auge（眼睛）和 stern（星星）。一个人眼里的星星，就是"心爱的人"或"掌上明珠"，英语中的说法是 apple of one's eye。

4. wabi-sabi: *n.* 残缺之美

注意，不是 wasabi，是 wabi-sabi，来自日语，对应的日语汉字为"侘寂"，这是一种源自日本的审美观，强调在不完美中发现美，接受生命的无常。wabi-sabi 鼓励人们欣赏事物的不完美之美，如裂纹、斑点或不规则形状，比如一个布满裂缝的陶碗或布

满苔藓的岩石。

5.trouvaille：*n.* 小确幸

trouvaille 是一个法语单词，表示"意外、惊喜或宝贵的发现"，用来形容在意想不到的情况下找到的有趣、有价值或美好的事物，意思类似中文里的"小确幸"。比如，你在茫茫互联网上发现并关注我的账号，这就是一种 trouvaille。

6.hygge：*n.* 幸福时刻

hygge 是一个来自丹麦的概念，用以描述一种温馨、舒适、愉悦的氛围，给人带来幸福感。比如，你和爱人窝在一起看电影的时刻。你还能想到什么场景？

7.redamancy：*n.* 爱的回应

redamancy 源于拉丁语词根 red（表示"回应、回报"）和 amare（表示"爱"）。redamancy 的字面意思是"回应别人的爱"。换句话说，你爱某人的时候，某人也爱着你，这种感觉就是 redamancy，类似于"两情相悦"。

8.lagom：*n.* 中庸

lagom 是一个瑞典单词，可以翻译为"适度、恰好、刚刚好"，含义类似中国文化当中的中庸之道。中庸不是平庸，而是一种极致的合适。lagom 强调适中、和谐的价值观，比如，生活中要避免过度消费和浪费，只满足基本需求就好。

9.komorebi：*n.* 树叶间漏出的阳光

komorebi 是一个日语单词，字面意思是"树叶间漏出的阳光"，用于描述阳光穿过树叶缝隙的美丽景象，给人一种很放松的感觉。

10.iridescent：*adj.* 彩虹般的

iridescent 是英语单词，我是在电影《怦然心动》中第一次学到这个词的，当时就被惊艳到了。iridescent 用来描述某个人或事物色彩斑斓，犹如彩虹一般绚烂。也只有那句"斯人若彩虹，遇上方知有"，才配得上 iridescent 这个词的韵味。

除了上面这些词，下面这些英语单词也蕴含着丰富的内涵和韵味，看看你都背过吗？

vicissitude：*n.* 沧海桑田

euphoria：*n.* 极度兴奋

serendipity：*n.* 机缘巧合

ethereal：*adj.* 超凡脱俗的，空灵的

petrichor：*n.* 雨后的泥土味

eureka：*n.* 我发现了，我找到了

benevolence：*n.* 仁慈

oblivion：*n.* 忘却

aurora：*n.* 极光，曙光

机缘巧合的意外之喜：愿你获得发现珍宝的运气

中文博大精深，有很多关于"运气（luck）"的说法，比如，如果形容某人艳福不浅，常有美人做伴，这叫作有"桃花运"；如果某人不劳而获，坐享其成，这叫作"走狗屎运"。

英语中也有这么一个词，专门形容人的好运气，叫 serendipity，英文解释为 the occurrence of events by chance in a happy or beneficial way，说得简单一点，就是"意外发现珍宝的运气"。

先来讲讲这个词的词源。

今天的斯里兰卡，在古代波斯语中被称为 Serendip。当时流行一个童话故事，叫作 *The Three Princes of Serendip*（《塞伦蒂佩三王子》）。在这篇童话中，三个波斯王子启航去 Serendip 岛，打算在岛上找到发财致富路，一路上三人意外发现了很多他们并没有去刻意寻求但很珍贵的东西，可谓时运亨通。

依据这个故事，1754 年，英国艺术史学家和政治家霍勒斯·沃波尔在写给别人的一封信中，根据 Serendip 创造了 serendipity 一词，用来指"意外发现有价值物品的运气"。

下面给大家举两个例子。

例句 1：My life has finally been turned over to serendipity.（我的生活终于时来运转了。）

例句 2：Don't lose hope. Our lives are filled with serendipities.（别灰心，我们的生活中有的是意外之喜。）

近现代的科学中也有很多 serendipity 的例子，比如，英国细菌学家亚历山大·弗莱明意外发现了青霉菌（penicillium），后来广泛用于医学，由青霉菌提炼制成的青霉素拯救了千百万肺炎、脑膜炎、脓肿患者。

根据这个例子，我们可以造个句子，"It was a serendipity that Fleming discovered penicillin by accident in 1928.（弗莱明在 1928 年发现了青霉素，真是意外之喜）"。

虽然表面上是一种意外之喜，但实际上这是大量积累所产生的必然结果，正所谓"Chance favors only the prepared mind.（机会总是留给有准备的人）"。

再举个例子。

我身边有不少适婚男女，但因为工作忙、没时间，接触异性机会不多等，所以还是单身，我常对他们说："缘分天注定，上天只是把合适的给你留到了最后。"

而有一部英文电影名就是 *Serendipity*，中文译作《缘分天注定》，该片节奏舒缓，音乐好听，演员表演到位，是经典的爱情小品式电影，大家可以看看。

说完这么多，相信你也发现 serendipity 是一个很高级的单词了，它确实很适合做网名。

取名的艺术：人名中的古罗马传统

　　2023 年 3 月，Facebook（脸书）创始人马克·扎克伯格与妻子普莉希拉·陈迎来了他们的第三个孩子，并公布女儿名为 Aurelia（奥莱莉亚）。这个名字很棒，其含义我们最后再讲，先来讲讲扎克伯格大女儿和二女儿的名字。

　　2015 年，扎克伯格迎来了自己的第一个女儿——Maxima，昵称为 Max。Max 是一个偏男性化的名字，通常是 Maximilian、Maxwell、Maxim 等男子名的昵称。Max 的源头是拉丁语 Maxiums，这是一个古罗马贵族的名字，意为"最伟大的"，其女性形式为 Maxine。maxiums 是拉丁语中 great 这个概念的最高级形式，对应英文里的 greatest；major 对应英文的 greater；magnus 对应英文的 great。所以英文中含有 magn、maj 和 max 的单词大多跟"大"有关，例如 magnificent、majority、maximum 等。

扎克伯格之所以给大女儿命名为 Maxima，可能因为她是第一个孩子，排行老大，也希望大女儿将来有一番伟业。Maxima 还有个中文名——陈明宇，扎克伯格在一次采访中解释道："陈是妈妈的姓，明是明天的明，宇是宇宙的宇。明宇代表希望世界的未来更美好。"

再来看二女儿的名字。2017 年，扎克伯格宣布他的二女儿 August 诞生。看到 August 这个名字，你是不是想到了八月？而我想到的却是古罗马的元首——奥古斯都。奥古斯都是罗马帝国的开国君主屋大维的尊称，屋大维是恺撒的甥孙和养子。顺便插一句，有外媒称，扎克伯格神似奥古斯都……前面讲过，八月的英文 August 正是源自屋大维的尊称"奥古斯都"，意为"崇高的、尊贵的"。

虽然 August 主要用作男性名字，但也有女性版的名字，比如 Augusta（意为"崇高的女性、尊贵的女性"）。不过近年来，一些人开始不受传统性别界限的限制，给女孩取名为 August。扎克伯格二女儿的全名叫 August Chan Zuckerberg，我们看到中间有个 Chan，这是个中间名（middle name）。事实上，三个女儿都有这个中间名。欧美人有的有中间名，有的则没有。中间名通常是向家族中的某个成员致敬，Chan 正是妈妈普莉希拉·陈的姓氏。

最后再来看刚出生的三女儿——Aurelia。

这个名字是纯正的女孩名，来自拉丁文，意为 golden（金色的）或 gilded（镶金的），有"美丽如金子"的寓意，恺撒大帝的母亲就叫这个名字。

Aurelia 其实是古罗马男子名 Aurelius 的女性形式，最有名的当属 Marcus Aurelius（马可·奥勒留），他是一位罗马皇帝兼哲学家，写过一本书叫《沉思录》。

从扎克伯格三个女儿的名字——Maxima、August 和 Aurelia 可以看出三点——

1. 夫妇二人似乎很喜欢古罗马贵族的名字，更彰显品位。

2. 他们给女儿起偏男性化的名字，深信"谁说女子不如男"，希望女儿能成为伟大的、受人尊敬的人。

3. 扎克伯格很爱自己的妻子普莉希拉·陈。

关于排行的称谓：按列排序，抑或直呼其名

有读者问过我下面三个跟英语相关的问题。

1. 家里的老大、老二、老三在英语中分别怎么说？

2. 姐弟三人用英语怎么说？

3. 家里最小的孩子（老幺）用英语怎么说？

先看第一个问题：家里的老大、老二、老三在英语中分别怎么说？

如果有这么一句话"老大回来了，行李很多，老二、老三你们去帮忙"，千万别翻译成"Old two and old three, old big is back. Go help him."。

另外，the first child、the second child、the third child 也不对，这是"指代"，不是"称呼"。

我咨询了一些国外朋友，他们都建议直呼其名。

177

例如，Jimmy and Sam, your elder brother Tim is back with a lot of luggage. Go help him.（吉米、萨姆，你们的大哥蒂姆回来了，行李很多，去帮忙拿一下。）

说到底，还是存在文化差异，东方文化中的宗族观念、集体意识比较强，父母称小孩老大、老二、老三时，或许是想强化"他们是这个集体一分子"的意识。

而西方人的个体意识较强，所以父母会直接叫小孩的名字，而不是用老大、老二、老三这样的代号去称呼他们。

再来看第二个问题：姐弟三人用英语怎么说？

我给大家推荐一个词——trio。

trio 表示 a group of three people or things（三个一组），三个人或三个东西形成的一个组合都可以被称为一个 trio。

tri 这个前缀表示跟"三"有关的概念，比如 triangle（三角形）、tripod（三脚架）。

既然 trio 可以表示三个成一组的人或事物，那就可以用 the trio 来表示姐弟三人、兄妹三人、三兄弟、三姊妹。

来看两个例句。

例句 1：The family have three kids and the trio brought lots of fun.（这家有三个孩子，他们带来了很多欢乐。）

例句 2：Most parents can't afford to bring up two kids, not to mention a trio.（大部分父母都无力抚养两个孩子，更别说三

个了。）

最后看第三个问题：家里最小的孩子（老幺）用英语怎么说?

这里介绍一个地道的英文成语：Benjamin of the family。

这个成语跟以色列有点关系。

据《圣经》上记载，神看上了犹太民族祖先亚伯拉罕的孙子雅各，派天使与他摔跤，并将他的名字改为"以色列（Israel）"，Israel 的含义为"与神角力者"。

雅各后来生了十二个儿子（现在也成了以色列国的十二个支派），其中最小的孩子就叫 Benjamin（便雅悯）。Benjamin of the family 这个说法源于宗教，但也进入了世俗话语，成为民间常用说法，指"家中最小的孩子"，相当于"老幺"。

大二学生：初具智慧的"新鲜人"

大家都知道大一学生、大二学生、大三学生、大四学生的英文吗？分别是 freshman、sophomore、junior 和 senior。其中 freshman（新人）表示大一学生，junior（初级者）表示大三学生，senior（资深者）表示大四学生，这三个词都好理解。但为什么偏偏大二学生的英文 sophomore 这么与众不同呢？

很多人说大二学生更苦（suffer more，承受更多），所以叫 sophomore，当然这只是开玩笑的。

下面我来说说一个比较靠谱的由来。sophomore 由 soph 和 more 两部分构成，它们都来自希腊语。soph 来自 sophos，表示"智慧"，英语中有跟智慧有关的单词都来自 soph，例如 philosopher、sophistication 等；英文女子名 Sophia（索菲亚），原义就是"智慧"；土耳其的那座壮观的索菲亚大教堂（Hagia Sophia），就是"神圣的智慧"的意思。

sophomore 里的 more 来自 moros，表示"愚蠢"，英语中

表示"愚蠢"的单词很多都含有这个词根，例如 moron（笨蛋、傻子）。

据说，剑桥大学在 17 世纪首先引入 sophomore 一词来描述大二学生，使用这个单词，意味着他们已经初步具备智慧，不再是个无知的新人了，但依然浅薄，需要继续学习深造。

于是，英语世界里除了诞生了表示"大二学生"的 sophomore，还诞生了另外一个相关的形容词——sophomoric，用来描述介于聪明和愚蠢的中间状态，可以翻译为"一知半解的，故作聪明的，幼稚的"。

说完 sophomore 的词源，我想到了心理学研究界流传的一个笑话：实验对象往往是实验室小白鼠（lab rats）和大学二年级学生。

主要是因为小白鼠比较容易获取，而大学生（尤其是大二年级的学生）也容易招募，时间较为灵活，而且一般愿意参与实验，便于管理。这种现象被称为"小白鼠和二年级学生"，侧面印证了 sophomore 里 more 的部分。

不管怎样，sophomore 是一个人成长过程中的必经阶段，毕竟睿智、成熟、稳重不是一蹴而就的，而是需要历练、打磨、成长。

音乐学院：从孤儿院里生发的艺术

浙江音乐学院的英文翻译是 Zhejiang Conservatory of Music。

有位读者问我，为什么"学院"用了 conservatory 一词，而不用我们熟悉的 college？

我们先"请教"一下词典。

conservatory 在英式英语中表示"温室、暖房"，这肯定不是我们想要的意思。

词典显示，它的第二层含义多用于美式英语，相当于 conservatoire 一词。

我们再查询 conservatoire，答案就出来了：conservatoire 是英式英语（其实来自法语），意为 a school or college at which people are trained in music and theatre，即"音乐（或戏剧）专业院校"。

我们可以先得出一个结论：无论是美式英语 conservatory，

182

还是英式英语 conservatoire，均指"音乐（或戏剧）专业院校"。

我又查了一下，其实 conservatory 和 conservatoire 表示"音乐院校"，背后还有个温馨的词源小故事。上述两个词来自拉丁文 conservare，词源同 conserve（保护），原指类似于收养孤儿或弃婴的孤儿院一类的机构，这些机构还在业余时间为这些孤儿提供包括音乐在内的艺术教育，后来 conservare 的词义开始转变为艺术类教育机构，尤其指音乐院校。

美国人比较喜欢用 conservatory，比如旧金山音乐学院就是 San Francisco Conservatory of Music，波士顿音乐学院是 Boston Conservatory。

而欧洲人喜欢用 conservatoire，比如苏格兰皇家音乐学院（The Royal Conservatoire of Scotland）、伯明翰皇家音乐学院（Royal Birmingham Conservatoire）、Leeds Conservatoire（利兹音乐学院）、Conservatoire De Paris（巴黎音乐学院）。

不过有些音乐院校既不用 conservatory，也不用 conservatoire。比如，英国皇家音乐学院是 Royal College of Music，美国伯克利音乐学院是 Berklee College of Music。

还有目前美国首屈一指的音乐院校茱莉亚学院（Juilliard School），校名用的是 school 一词，是不是很低调？

中国的音乐院校校名的翻译偏向于美式英语，比如浙江音乐学院（Zhejiang Conservatory of Music）、上海音乐学院（Shanghai Conservatory of Music）、四川音乐学院（Sichuan

Conservatory of Music）。

这些院校都用了 conservatory 一词，大概是参考了中央音乐学院的翻译——Central Conservatory of Music。

语言之间的舞蹈：翻译的
可能与不可能

　　前段时间，杭州翻译家金晓宇牵动着国人的心。他是一位双相情感障碍患者，同时也是一位天才翻译家。

　　在媒体报道中，我留意到这样一段关于他的故事。

　　金晓宇在翻译爱尔兰作家约翰·班维尔（John Banville）的英文小说《诱惑者》（*Mefisto*）的时候，跟出版社的编辑意见不合。编辑认为，Mefisto是小说里的人物，是要按照音译来处理的，所以书名应该叫《梅菲斯特》，就好像世界名著《堂吉诃德》《大卫·科波菲尔》《简·爱》《约翰·克利斯朵夫》一样。本来译者妥协一下也就过去了，但金晓宇是一位对作品要求完美的人，他给出的观点是这样的：Mefisto是歌德《浮士德》里的角色，是引诱人类堕落的恶魔，作家约翰·班维尔给主人公起这个名字，是在暗指他"诱惑者"的本质。与其把书名翻译成不知所云的《梅菲斯特》，不如直接一步到位，点出本质的《诱惑者》。后来，事实证明，《诱惑者》成为读者更喜爱的译名。

借此机会，我带领大家来赏析一些译名很美的书名，一起感受一下翻译的魅力。

1.*The Crowd*

古斯塔夫·勒庞的这本社会心理学著作，展示了一群人在群聚状态下会出现异于个体的心理、道德和行为特征，如果翻译为《大众》或者《人群》，就完全偏离了主题。

《乌合之众》这个译名则完全贴合主题，一针见血，尖锐犀利。

2.*Tales from the Thousand and One Nights*

这本书有两个译名：《一千零一夜》和《天方夜谭》。我更喜欢后者，特别有中国味。

天方是我国古代对阿拉伯地区的称呼，因为穆斯林在麦加朝圣的克尔白又叫"天房"，所以阿拉伯地区被称为"天房国"，后来成了"天方国"。

天方夜谭后来也演变成一个成语，比喻虚诞离奇的言论。

3.*Oliver Twist*

外国作家经常用主人公的名字为小说命名，但这不符合中国读者的习惯。

《雾都孤儿》小说的主人公名叫奥利弗·崔斯特（Oliver Twist），是一个孤儿，小说讲述了他悲惨的身世及遭遇。

因为小说设定的背景在伦敦，伦敦出于自然原因多雾，又因为 20 世纪初大量使用煤作为燃料，因而产生大量烟雾，两种"雾"的叠加让伦敦成为名副其实的"雾都"。

所以《雾都孤儿》的译名很文雅，而且传递出一种凄凄惨惨戚戚的质感。

4.*The Remains of the Day*

石黑一雄在 2017 年获得诺贝尔文学奖，他的代表作 *The Remains of the Day*，直译过来是"一天中剩余的时间"。

但翻译为《长日留痕》，一下子就变得有意境了，就好像落日海边飞机驶过在空中留下的一道痕迹，很美。

不过后来改译为《长日将尽》，把美感替换成了伤感，可能更符合小说的主题。

下面，再来看看咱们中国四大名著的主流英文翻译。

1.《三国演义》

我个人最喜欢的译名是 *Romance of the Three Kingdoms*。

这个译名最妙的地方就是把"演义"翻译成 romance。在现代英语中，romance 一般指"浪漫关系，爱情"，但此处的 romance 指"传奇故事"。

romance 最初表示"用罗曼语书写"，在中世纪时期，用罗曼语写成的作品往往是充满奇妙事件和英勇行为的骑士冒险故事，因此，romance 一词的含义便逐渐演变为"充满传奇色彩的冒险故事"或"浪漫的英雄史诗"。

到了文艺复兴时期，romance 逐渐发展为一种文学类型，通

187

常是对冒险和历史事件的传奇化描写，题材不仅局限于骑士故事，还包括其他浪漫叙事，渐渐有了现如今"爱情故事"的含义。

《三国演义》的"演义"一词，和 romance 所指代的传奇冒险故事的含义较为相近，因此使用 romance 一词也算是比较贴近原意了。

2.《西游记》

我最喜欢这个译名：*Journey to the West*。

有人以孙悟空为主角，把书名译成 *Monkey* 或者 *The Monkey King*，显然不合适，《西游记》记录的是一个团队历经九九八十一难，在西天取到真经的故事，所以 *Journey to the West* 这一译法简明扼要，也更符合中文书名的要义。

3.《红楼梦》

有一些翻译按照原名《石头记》来翻译，如英国企鹅出版社出版的 *The Story of the Stone*（直译为"石头的故事"），但这个译法略显平庸。

我更喜欢 *A Dream of Red Mansions* 这种译法——红色豪宅里的梦，充满象征意义。

Red Mansions 比喻大家族的荣华富贵，而 dream 点出了最后的结局——一切终如梦幻泡影，不过是黄粱一梦。

4.《水浒传》

我见过的关于《水浒传》书名最离谱的翻译是 *A Story of 105 Men and 3 Women*（直译为"105 个汉子和 3 个婆娘的故事"）。

我比较喜欢的是这两个版本的译名，一是美国女作家赛珍珠

的 *All Men Are Brothers*（直译为"四海之内皆兄弟"），含蓄地描述了梁山好汉之间的联系。

赛珍珠的版本虽然好，但未免有些不够直白，我更喜欢犹太裔中国翻译家沙博理的版本——*Outlaws of the Marsh*（直译为"沼泽边的不法之徒"），更贴近中文书名和小说情节。

如果我不提这些译者，可能很多人都不知道这些精彩译文出自谁人之手吧？

译者相比作家，更像是文学作品背后的"隐形人"，但正是因为译者的点睛之笔，才让很多国外的经典作品名垂青史，让我们向他们致敬。

麦琪的礼物：一段关于误读的故事

　　最近有读者给我留言，留言里提到了我们非常熟悉的外国短篇小说——《麦琪的礼物》。这位读者说他之前一直以为小说女主人公的名字叫"麦琪"，其实并不是。

　　如果我没记错的话，这篇文章应该是初中语文教材上的一篇课文，作者是美国作家欧·亨利。这篇小说的标题好像让不少人产生了误解，以为小说女主人公的名字叫"麦琪"。

　　小说的英文原名是 *The Gift of the Magi*。

　　其实，这里的 Magi 不念 /ˈmægɪ/，而是念 /ˈmeɪdʒaɪ/，指耶稣降生时，来朝拜耶稣的三位来自东方的智者，他们为耶稣送上了最珍贵的礼物。这三人也被翻译为"东方三博士"或"三贤者"。

　　Magi 这个词起源于古代波斯，指"祭司"。除了神职工作，他们还研究天文学、占星术，故被称为"智者（wise men）"。

　　而耶稣诞生时来朝拜的"东方三博士"被视为有智慧的团体，

所以也被称为 Magi。其实 Magi 是复数形式，单数为 Magus，是波斯语中"占星术士"的意思。因为这些人神秘莫测，被认为会"魔法"，所以由 Magi 还衍生出一个我们很熟悉的单词——magic（神奇的），知识串起来了吧？

我们再回到欧·亨利的小说《麦琪的礼物》。故事讲述的是一对贫穷的年轻夫妇在圣诞节为彼此准备礼物的感人故事，所以 *The gift of the Magi* 实际上就是"圣诞礼物"，翻译成"麦琪的礼物"，的确会让读者误解，也会让读者对 Magi 这个单词的发音产生错误印象。

我们先了解一下故事梗概，一会儿再探讨如何更合适地翻译这篇小说的标题。德拉和吉姆是一对 20 出头的年轻夫妻，一个为家庭生活奔波，一个为柴米油盐发愁，但紧巴巴的生活并没有减少他们对彼此的爱意。圣诞节前一天，吉姆卖掉了金表，换来了德拉心心念念的发梳，而德拉卖掉了金色的长发，换来配得上丈夫的金表的表链。这是故事的结尾，也让全文主题得到升华：两人为彼此准备的珍贵礼物最后都变成了无用的东西，而他们却得到了比任何实物都宝贵的东西——爱。

书里最触动心弦的一句话是"Life is made up of sobs, sniffles and smiles, with sniffles predominating.（人生是由哭泣、啜泣和微笑组成的，而啜泣占去了绝大部分的时间）"。

读完小说，我不禁感慨：被啜泣占满的人生依然有幸福的机会。你看，哪怕艰难如德拉和吉姆，不正是在啜泣中努力追求微笑的瞬间吗？而那微笑的瞬间，对于他们来说，便是幸福。幸福不在于付出多少，而在于相互奔赴；幸福也不在于拥有多少金钱，而在于愿意为某人倾尽所有。

就在德拉和吉姆为对方倾尽所有之时，在那一刻，他们似乎化身为《圣经》中的贤者，为爱献出最宝贵的礼物。这可能就是 *The gift of the Magi* 的双关含义，既表示圣诞礼物，又表明夫妻二人像信徒般虔诚地守护着彼此间的这份爱。

The Gift of the Magi 翻译成《麦琪的礼物》容易引发误解，翻译成《圣诞礼物》略显寡淡，翻译为《贤者的礼物》会让中国读者感到莫名其妙，文化差异竟让这篇小说的标题翻译变得如此困难。

"快乐"的随遇而安：语词意义的流变

林语堂写过一本很有名的书——《苏东坡传》，这本书的英文名有点意思，中文书名下面赫然写着 The Gay Genius 三个单词。Genius 我们都认识，表示"天才"，但前面的单词 gay 是不是让你有些不明所以？

本书作者为民国时期学贯中西的大学者、文学家、语言学家林语堂先生，他肯定不会用错词。苏东坡曾为亡妻创作了流传千古的《江城子》，名句"十年生死两茫茫。不思量，自难忘"实在令人动容。想来 gay 在这里也不可能是"同性恋"的意思。很显然，英文译名中的 gay 必有他意。

碰到这种情况，一定要请教我们最好的老师——权威英文词典。我经常查《牛津词典》，让我们来看看上面的解释。

gay 做形容词时有五个主要含义，我为大家梳理一下。

1. 同性恋的

2. 跟同性恋有关的

3.（俚语）无聊的，老土的（比如，The bag is so gay.）

4.（老式）快乐的（比如，She felt gay.）

5.（老式）色彩明亮的（比如，The garden is gay with those red flowers.）

我们发现，除了第一层和第二层意思，其他含义要么是小众群体才会使用的俚语，要么是老式的用法。可见，gay 在现代英语中的主流含义就是"同性恋的"。

顺便补充一点，gay 也有名词用法，表示"a person who is homosexual, especially a man"，即"男同性恋者"。

林语堂《苏东坡传》的书名 The Gay Genius 里面的 gay 不是"同性恋"的意思，而是《牛津词典》中所提及的一种老式的用法——"快乐的"。由此，我想到我曾去英国小城巴斯（Bath）旅行的经历。当时我路过一条街，名字叫 Gay Street，我还拍了照，留作纪念。

这里的 gay 应该也是"快乐的"意思，Gay Street 就是快乐大街。

大家请注意：词的含义不是一成不变的，而是随着社会的变迁而发生变化的。中文里也有类似的情况，比如，剁手现在已经不单是"剁掉手"的意思；吃土也不仅仅是"吃下泥土"的意思。

再说回 gay 这个词，它的含义怎么就从"快乐的"变成了"同性恋"呢？来看看《韦氏词典》对 gay 的词源的说明。gay 源自诺曼底王朝时代在英国使用的法语 gai 一词，该词有着日耳曼语的源头，跟古高地德语中的 gahi（意为"快速、突然"）属于同族。后来，gay 在古法语中慢慢地演变出"快乐的"意思。到 17 世纪，该词有了 sexually dissolute（性方面放荡不羁）的意思。到 19 世纪，出现了 a gay house（妓院）的用法。再到 20 世纪 50 年代，gay 开始替代 homosexual（同性恋的）成为口语用词，并延续至今。

可见，gay 历经了漫长演变，最终确立了今天常用的、表示"同性恋的"或"同性恋者"的含义，其他含义也日趋消失。

顺便一提，Gay 还可以作为姓氏。比如，美国有位 NBA 球星叫鲁迪·盖伊（Rudy Gay），据说印有他姓氏的球衣是所有 NBA 明星里销售量最少的。另外，美国百米短跑名将泰森·盖伊（Tyson Gay）参加伦敦奥运会时，电脑系统竟把 Gay 识别为敏感词，有点尴尬。

最后，再回到林语堂先生的这本《苏东坡传》。其实这是林先生于 20 世纪 40 年代在美国完成的全英文作品，先有的英文，再有的中文翻译。那时候 gay 还没有"同性恋"的含义，书名中的 gay 取的是"快乐潇洒、放荡不羁"之意，借此表达对苏东坡的赞美之情。其实只要了解了这个背景，我们应该问"为何 The Gay Genius 要翻译为没有特色的《苏东坡传》"才对。

三伏天：什么叫"热成狗"的日子

中国人说的入伏是指进入三伏天的意思。三伏分为初伏、中伏和末伏，是一年中最热的时段。

三伏天的英文是 dog days，直译过来是"狗日"，在英文里可不是骂人的词。dog days 源自拉丁语 dies caniculares。

dies 是英文词 days 的来源，而 caniculares 是英文单词 canine（犬科）的来源。所以 dog days 又叫"犬日"，是夏天中最热的时期，相当于我国的三伏。

北半球的这个时期在 7 月上旬至 8 月中旬。除了英语国家，德国、法国与意大利也使用 dog days 这个说法。这个名词源于大犬座的天狼星，英语中又称"犬星（Dog Star）"。

天狼星一般在 7 月至 8 月时出现在北半球的天空上，彼时正当夏天最热的时期，古罗马人认为是这颗星星带来了这个时期的暑热。

阿尔·帕西诺主演的电影《热天午后》(*Dog Day Afternoon*)

便使用了这个典故作为片名。

下面给大家总结一些形容天气很热的英文说法。

1.sweat like a pig（汗流浃背）

看到这个短语，你的第一反应可能是出汗怎么跟猪扯上关系了呢，猪会出汗吗？别钻牛角尖，英语中就是这么说的，这就好比外国人听到中国人说"热成狗"一样，作为外语学习者，拿来用就行了。

2.It's scorching weather.（这天真是要把人烤熟）

scorching 来自动词 scorch（烧焦），scorching 是形容词形式，表示"灼热的"，通常形容天气，表示极度炎热。我觉得这句话跟中文的"街上都是'熟人'"有异曲同工之妙。

3.It's a sizzler.（这天像块滚烫的铁板）

sizzler 来自动词 sizzle（把……烧得发出滋滋声），形容词形式是 sizzling（被烧得发出滋滋声的）。有一道菜叫"铁板牛柳"，其英文名称是 sizzling beef。sizzler 实际上是把炎热的天气比喻成那块把肉煎得滋滋作响的铁板，很形象生动吧?

4.I'm boiling!（我沸腾了！）

这些表达让我觉得夏天好像"地狱"，刚才是铁板煎，现在是滚水烫。boiling 是形容词，表示"沸腾了的"。当你行走在 39℃ 的烈日下，没撑伞，也没涂防晒霜，是不是感觉自己快被"汽化"了？对了，浙江话叫"热得都'烊'掉了"，"烊"就是熔化。

5.It's like an oven. （这天就像个烤箱）

这个比喻很经典，oven（烤箱）的温度不言而喻。大家想想，你从空调房走到外面，是不是好像进了一个烤箱，又闷又热?

6.You can fry eggs on the sidewalk. （人行道上都可以煎蛋了）

没想到外国人形容天气很热的时候，竟然也会用这个比喻！人行道上能不能煎蛋我不确定，但在烈日下暴晒的汽车引擎盖上，肯定能煎出一个漂亮的 sunny side up（单面煎蛋）。

7.Today is a thermometer breaker!（今天热得温度计都爆表了！）

热得爆表的"爆表"用英语怎么说？首先，"表"用 thermometer（温度计）；"爆"就是"打破"，可以用 breaker 一词，指"打破……之人／物"，例如，"He is a heart breaker. （他是一个会让人伤心的人）"。"今天气温爆表"可以转化为名词形态的"今天是打破温度计的一天！"——"Today is a thermometer breaker!"这个表达就非常地道了。

8.It's hot with a capital H. （今天真的是"大写的热"）

H 是 hot 的大写首字母，capital 表示"大写字母"，那么"It's hot with a capital H"就表示不是一般的热，是一个大写词头的 Hot，形容真的很热。中国人也借用了这种表达，比如"大写的服"，这个"大写"是一种强调的语气。"with a capital + 字母"在英语口语中很实用，当你想用 very 来修饰一个形容词的时候，都可以替换成该结构，例如，"I'm hungry with a capital H（=I'm very hungry）""He's stupid with a capital S（=He's very stupid）"。

"中国"名称的渊源：文化的
交流与误读

　　无论你开不开车，应该都听说过"中国石油化工股份有限公司"（简称"中国石化"或"中石化"）这个国企吧？

　　当你去加油或路过加油站的时候，不知有没有注意过"中石化"的英文名——Sinopec？稍微有点英文构词法知识的人都知道，这个单词分成 Sino 和 pec 两个部分，前面的 Sino 指"中国"，后面的 pec 是 petrochemical（石油化工）的缩写。中国还有一个石油巨头公司叫"中国石油天然气股份有限公司"（简称"中国石油"或"中石油"），而这个企业的英文名就特别好记：PetroChina，前面的 Petro 指"石油"，后面的 China 是"中国"。

　　从英文名来看，"中石化"的 Sinopec 比"中石油"的PetroChina 显得更有文化和内涵。

在这里我就跟大家聊聊，为什么 Sino 可以指"中国"。

《韦氏词典》对于 Sino 词源的解释还是比较详细的，我们来一起看看其英文释义给我们提供了哪些信息。

French, from Late Latin Sinae, plural, Chinese, from Greek Sinai, probably of Indo-Aryan origin; akin to Sanskrit Cīnā, plural, Chinese.

首先，Sino 不是英语本土词根，而是来自法语，而法语的 Sino 源于拉丁语里的 Sinae，而 Sinae 又来自希腊语中的 Sinai，这个词有着印度 – 雅利安语的源头，与梵语中的 Cīnā 同源。

由此可知，Sino 基本的演变路线是 Sinai—Sinae—Sina—Sino，它们都等同于 Chinese。如果你中学地理学得不错，那么 Sinai 一定会让你想到一个地方——西奈半岛（Sinai Peninsula）。它是埃及苏伊士运河以东的部分国土，位于亚洲和非洲的连接处，形状似一个倒置的三角形。西奈半岛上的西奈山（Mount Sinai），是西方宗教中的圣山。

根据《圣经·旧约》的记载，摩西（就是《出埃及记》里把红海分开的那位），正是在西奈山上接受了上帝的"十诫"。

所以，对于信仰基督教的西方人而言，西奈是一个非常神圣的地方。而 Sinai 是 Sino（中国）的源头。无论这是事实也好，巧合也罢，反正 Sino 是一个好词。

正是因为 Sino 的词源颇有"高端气质"，现在很多国企、央企或跨国企业等在起英文名时，都喜欢以 Sino 来开头，比如：

中国石化：Sinopec

中钢集团：Sinosteel

中国外运：Sinotrans

中国重汽：Sinotruk

中塑集团：Sinoplast

国机集团：Sinomach

中国医药集团（国药）：Sinopharm

中国信保：Sinosure

中国水电：Sinohydro

后来，在语言发展、流变的过程中，Sino 的发音发声转变，进而变化成 China。根据语言学的"格林定律（Grimm's law）"，s 通 ch，o 通 a。因此，从这个角度来讲，China 实际上就是 Sino 的变体。

现在有一些人不太喜欢 China 这个词，因为这个词在英文中的另一层意思是"瓷器"。他们认为以物作为国家名字不太好，就好像"意大利"不会被称为"比萨国"，"德国"不可能被称为"啤酒国"，凭什么中国就是"瓷器国"？

而 Sino 这个词，源头与西奈山——西方文化中神圣的地方相关，所以社会上有一批人希望把 China 更名为 Sino。

愿望虽美好，但语言的变化是一个长期、自然的过程，有时候不以人的意志为转移。

最后说说 Sino 具体怎么用。在现代英语中，Sino 一般是这样用的：

①不能单独作名词指"中国"，目前"中国"官方的英文名称就是 China。

②不能单独作为一个单词使用，只能用作单词的前缀，比如 Sino-American relations（中美关系）、Sino-Tibetan languages（汉藏语系）、Sinology（汉学）、Sinologist（汉学家）等。

这里再说说"新浪"公司的英文名——Sina，取了 Sino 的头三个字母和 China 的最后一个字母，将 Sino 和 China 很好地结合在了一起。

现在，中国的英文名称是 China，其实中国还有一个旧称——Cathay。这个词又是怎么来的？

带着这个问题，我上网查了一下，答案很快就出来了，搜索引擎上排名第一的是来自大英百科的解释：

Cathay, name by which North China was known in medieval Europe. The word is derived from Khitay or Khitan, the name of a seminomadic people who left southeastern Mongolia in the 10th century CE to conquer part of Manchuria and northern China, which they held for about 200 years.

这段文字的大意是，Cathay 这个名字是欧洲中世纪时期对北方中国的称呼，该词来自 Khitay 或 Khitan，这是一个半游牧民族，公元 10 世纪离开蒙古东南部，并征服了中国的东北和北方部分地区，统治时间约 200 年。

Khitay 或 Khitan，就是"契丹"。这让我想到了金庸《天龙八部》里的男主萧峰（汉名乔峰），生于辽国，长于大宋，是契丹人。小说里提到的辽国，就是中国历史上的辽朝。这是一个由契丹族建立的王朝，907 年，辽太祖耶律阿保机成为契丹可汗，916 年始建年号，建国号"契丹"。辽朝共传九帝，1125 年为金朝所灭，享国 219 年。

另外，我注意到大英百科的释义中写道"name by which North China was known in medieval Europe (Cathay 是欧洲中世纪时期对北方中国的称呼)"，存在于 907 至 1125 年的辽朝，正好处于公元 5 世纪至 15 世纪欧洲中世纪时期。

我们再交叉比较一下词源网站 Etymonline 上对 Cathay 的解释：

1560s, poetic name for "China", from Medieval Latin Cataya, from Turkish Khitai, from Uighur (Turkic) Khitai, name of a Tatar dynasty that ruled Beijing 936–1122.

这段文字的大意是，Cathay 是 16 世纪 60 年代对"中国"的诗意称谓，来自中世纪拉丁文 Cataya，起源于突厥语中的 Khitai，Khitai 指 936 年至 1122 年的鞑靼王朝。这里提到的 Khitai，和上文中的 Khitay、Khitan 一样，都指"契丹"。

无论是大英百科还是 Etymonline 的解释，有一点是一致的，那就是英语中的 Cathay 从词源上来说均源自辽朝国号"契丹"。

但很明显，用北方游牧部落的名字指代中国是一个错误认知。

我还注意到 Etymonline 提到了一个时间点——1560s，从这时候开始，Cathay 成为一个对中国的诗意称谓。这跟一个人不无关系——利玛窦。16 世纪 60 年代是中国的明朝时期，当时最著名的中西方沟通者是意大利传教士利玛窦。研究中国文化的利玛窦得出结论，称马可·波罗口中的"契丹"，就是传统意义上的中国。而那个时候也恰逢欧洲文艺复兴时期，契丹的拉丁语写法 Cataya 便逐步演化成 Cathay，进入各种文学作品中。比如，1823 年英国诗人乔治·戈登·拜伦在其《唐璜》长诗中则已经以 Cathay 指称中国了。

不管怎样，Cathay 的源头是辽朝的契丹，这是一个游牧民族，因而用 Cathay 指代整个中国无疑是片面的。所以这个词后来慢慢地退出了历史舞台，在中国已经基本不再使用这个词来指代中国了。

"台风"英文的缘起：多国文化的语言交融

2023 年，17 级超强台风苏拉瞄准广东，广东迎战七十年来最强台风，其风速远超当年每秒 58 米的台风山竹，在巴士海峡造成了 8～11 米的巨浪。今天就跟大家聊聊台风的英文单词——typhoon，是不是感觉发音跟中文"台风"很像？那到底谁是谁的音译？

咱们先说中文"台风"的词源，再说英文 typhoon 的词源，答案就会比较清楚了。

关于中文"台风"的词源，下面是网络上比较主流的三种说法。

有人说台风是"来自台湾的风"，因为台湾位于大部分台风北上的路径要冲。

有人说台风源自广东话的"大风"（念作 daai fung，类似

"逮丰"），因为广东自古以来就是我国遭受台风次数最多的地区。

还有人说台风是 typhoon 的音译，就像"巧克力"一词一样属于舶来词。

是不是觉得三种说法都挺有道理的？但我考证了一下，这三个说法好像都不对。

"台风"是"来自台湾的风"吗？

我国古代一开始并没有"台风"这个概念，只有"飓风"，我国最早的关于台风的记录是南朝宋沈怀远著的《南越志》，书中写道："飓者，具四方之风也。"

顺便说一下，现代汉语中，飓风和台风的区别不在于强度，它们本质上都是热带气旋（tropical cyclone），产生于西太平洋上的热带气旋叫"台风（typhoon）"，产生于东太平洋或大西洋上的热带气旋叫"飓风（hurricane）"。

跟飓风相比，台风在史料中出现得较晚，目前我能查到的台风最早的记载是明嘉靖四十五年（1566 年），潮州戏文刻本《荔镜记》中有"風颱"的说法，这个说法在潮汕地区沿用至今。后续比较有代表性的是 1688 年编撰的《台湾府志》中的这段记载："风大而烈者为飓，又甚者为颱。飓倏发倏止，颱常连日夜不止。"又大又猛烈的风为"飓"，而比"飓"更厉害的则被称为"颱"。注意，繁体的"颱"和台湾岛的"臺"，音同字不同，只是都简化成了"台"，所以"台风是来自台湾的风"的说法基本可以被排除。

"台风"来自广东话的"大风"？

广东话的"大风"跟"台风"确实读音很像，但大风是一个具有普遍意义的词，不是专门用来称呼台风的词语。据考证，古时粤语把台风称为"飓风"，与飓风读音相近，可能就源自飓风。二百多年前，英国传教士罗伯特·马礼逊编纂了译本《广东省土话字汇》，里面收录了当地对台风的称呼，就叫"飓风"，他翻译为 typhoon。因此，仅凭发音相似，就认为台风来自广东话"大风"不太合理。

"台风"是 typhoon 的音译吗？

根据在线词典，我查到 typhoon 表示"印度或中国海域的强烈气旋"（现代"台风"的含义）这一层含义最早记载于 1588 年。

Tiphon "violent storm, whirlwind, tornado", 1550s, from Greek typhon "whirlwind", personified as a giant, father of the winds, probably [Beekes] from or related to typhein "to smoke" (see typhus), but according to Watkins from PlE *dheub- "deep, hollow", via notion of "monster from the depths". The meaning "cyclone, violent hurricane of India or the China Seas" is first recorded 1588 in Thomas Hickock's translation of an account in Italian of a voyage to the East Indies by Caesar Frederick, a merchant of Venice.

根据这段英文，我们可知有关英文 typhoon 一词的记载最早出现于 1588 年，晚于前面所说的 1566 年嘉靖时期所出现的"颱"字，所以说台风是 typhoon 音译的说法也不成立。

那英文 typhoon 是怎么来的呢？其实，它有着纯正的"希腊血统"。

请看上面英文释义中的这一句，"Tiphon 'violent storm, whirlwind, tornado', 1550s, from Greek typhon 'whirlwind', personified as a giant, father of the winds, probably [Beekes] from or related to typhein"。

其实，typhoon 来自希腊神话中的一个角色 Typhon，中文翻译为"提丰"，你可能觉得两个词发音不太像，但 typhoon 的粤语发音是"泰丰"，可以说和 Typhon 的发音非常接近了。提丰是希腊神话中著名的妖怪，又译为"堤福俄斯"，长有一百个龙头，既能喷烈火，又能刮暴风，十分恐怖，号称"万妖之王"，连希腊众神都打不过它。

不过，从 Typhon 演变为 typhoon 有着非常复杂的过程，可能受到多种语言和文化的影响。

通过希腊语：前面说过，typhoon 源自希腊语中的 Typhon。

通过阿拉伯语：另一个普遍接受的理论是这个词来自阿拉伯语中的 tufan。

通过印度：还有人认为这个词可能与梵文 toofan 有关。

通过中国：前面说过，中国很早就把这种气象现象称为"台风"。

此外，typhoon 这个词的形成也可能受到了早期的贸易和海上活动影响。总的来说，typhoon 这个词有着多元文化背景，也反映了一段复杂的文化和语言交融历史。

从"海啸"的英文说起：文化输出的天时、地利、人和

有一个读者问了我一个问题，很有思辨性。他的问题是：为什么海啸的英文是来自日语的 tsunami？难道欧美没有海啸吗？

tsunami 源自日语——津波（つなみ），tsu 为"港口"，nami 为"波浪"。虽然欧美地区也发生过海啸，但 tsunami 之所以成为描述"海啸"的标准英文单词，有其历史和文化背景。

首先，日本是一个地处环太平洋地震带上的国家，经常发生地震和海啸，在日本文化中，海啸也经常被描绘在文学、电影和艺术作品中，成为日本文化中不可分割的一部分。比如，著名的浮世绘版画《神奈川冲浪里》，就很容易让观众把海啸和日本联系起来。

其次，海啸在日本历史上曾经带来了巨大的破坏和伤痛。

2011 年，日本发生了里氏 9.0 级地震，并引发巨大海啸，造成了严重的人员伤亡和灾难。这场灾难震惊了全世界，也让世界

更加认识到了海啸的威力和危害。所以，不是欧美没有海啸，而是日本曾发生过诸多海啸灾难，所以在英语中，就用来自日语的tsunami来指代海啸了。

其实，英文中曾经存在描述"海啸"的词，如tidal wave（潮汐）、seismic sea wave（地震海浪），但学界认为两者容易产生歧义，不够准确，后来就统一使用tsunami了。

英语中还有很多来自日语的单词。我再给大家讲两个故事，让我们感受一下日本对欧美的文化输出。

Go：围棋

围棋诞生于中国，隋唐时期传入日本。日语中围棋的写法是"碁"，发音是ゴ，类似英语中的go。

之所以围棋的英文不是weiqi而是Go，是因为欧美人是在日本最先接触到围棋的，而不是在中国。

日本明治维新时期，国门大开，日本政府一边派人赴欧美学习先进科技，一边邀请大量西方人来日交流。

当时，一个叫奥斯卡·科歇尔特的德国人在日本接触到了围棋，他深深地爱上了这种棋盘游戏，并将其带回了西方，毕生从事围棋研究，还写了一部围棋界著名的书——《围棋的理论与实践》（*The Theory & Practice of Go*）。

由于他的介绍和推广，西方世界自然而然采用了日语的读音来作为围棋的英文了。

tycoon：有影响力的大人物

tycoon 这个词表示"大亨"或者"有影响力的大人物"。

其实，tycoon 的源头是中国《易经》里提到的"大君"，意为"伟大的封君"，周天子就自称"大君"。

日本人觉得这个词很好，就借过去了，在日语中演变为 taikun。幕府将军为了宣扬其统治的正统性，以 taikun 来自称。在英文中被音译为 tycoon。

顺便说一下，日语中"大"和"太"发音很接近，这也导致日语的"大君"发音很像"太君"，所以抗战影片中的汉奸管日本首领叫"太君"。

tycoon 这个词也挺有意思的，它源自中国的"大君"，传入日本，再被引入英语，现在我们再把它回译为"大亨"，属于典型的"出口转内销"了。

我对英语中来自日语的单词有这么几个印象。

1. 来自日语不意味着起源于日本

很多时候，日语充当了"二道贩子"的角色，比如 zen（禅）、tofu（豆腐）、bonsai（盆景），其实都是起源于中国，后传入日本，再流传到西方的，不明所以的西方人以为这些概念都是日本人发明的。

2. 日本饮食对西方影响很大，很多日式食物的名字就直接使用了日语音译

比如 wasabi（青芥末）、sashimi（刺身）、sushi（寿司）、

sake（清酒）、teriyaki（照烧）、sukiyaki（寿喜烧）、tempura
（天妇罗）、wagyu（和牛）、ramen（日式拉面）等。

3. 一些日本文化中的独特概念也进入了英语

比如 karoshi（过劳死）、otaku（御宅族）、kamikaze（神
风队的，自杀性的）、kaiju（怪兽）、origami（日式折纸）、
kanban（看板）、anime and manga（动漫）等。

其实，汉语里也有不少单词来自日语，近现代汉语从日语借
来很多社会和人文科学方面的名词术语，例如服务、组织、纪律、
政治、哲学、原则、经济、商业、干部、健康、法律、美学、文
学、美术、抽象等。

汉语在向日语借词的过程中，也经过了排斥、抵抗。翻译家
严复曾坚决反对日语借词，他曾说："吾国自可翻译，何须拾人
牙慧？"

来看看严复当时的一番努力。

economy 日译"经济"，严译"计学"。

society 日译"社会"，严译"群"，将"社会学"译作
"群学"。

capital 日译"资本"，严译"母财"。

evolution 日译"进化"，严译"天演"。

philosophy 日译"哲学"，严译"理学"。

metaphysics 日译"形而上学"，严译"玄学"。

显然，相比于严译的文言复古，日译更简洁、现代，所以，
即便严复经过一番挣扎，依然阻挡不了日语借词大量涌入汉语，

这种情况延续至今，暴走、达人、声优、攻略、人气、宅、御姐、萝莉、控、正太、吐槽等，都是近年来涌入汉语的日语借词。

不得不说，日本的文化输出能力还是很强的，特别是近现代，日本对中国和对欧美都有大量的文化输出。这个例子倒是给了我这样一个启示：不求全世界都说中国话，但中国特有的概念，就应该用汉语拼音推广出去，比如，饺子就别叫 dumpling 了，就叫 Jiaozi；京剧叫 Peking Opera 也不准确，因为京剧并不是歌剧的一个类别，直接用拼音 Jing Ju。

在《汉语拼音方案》颁布推行 66 周年 [①] 之际，汉语拼音已成为拼写中国人名、地名的国际标准，作为各外文语种在指称中国事物、表达中国概念时的重要依据。

各位，文化输出是一个国家的软实力，是一场没有硝烟的战争，让我们一起加油，让孔夫子的话，越来越国际化。

---

① 《汉语拼音方案》1958 年 2 月 11 日于第一届全国人民代表大会第五次会议上通过。

语言的巴别塔：隔阂与会通

最近有一个读者的发现挺有意思，他告诉我，在中、英两种语言中，存在读音相似、意思雷同的两个词，仿佛是天造的信、达、雅翻译，例如，championship——锦标赛、parvenu——暴发户、stone——石头。

我看到他的发现，深有感触，想到最近我给学生分享过的一个句型：push sb. to do（迫使某人做某事），push 的发音跟"迫使"可以说一模一样了。

还有一个老笑话：女人难受时如何用一句话安慰？外国人可以说"You need cry, dear.（你需要哭出来，亲爱的）"，中国人可以说"有你的快递儿"。两句发音一样，效果也差不多。

这种现象很有趣，但也很匪夷所思，只能用一句话解释——如有雷同，纯属巧合。

但有一种情况不属于这种巧合，就是音译。

比如，中文里的歇斯底里、幽默、霸凌、抬头，这些其实都是音译词，分别来自英文 hysteria、humor、bully、title。

但两种语言中存在发音相似、意义相似的单词，这种"巧合"非常多，下面我们来总结一下。

1.give（给）

give 表示"给"，中英文发音也类似，过去式 gave 与"给"的发音就更接近了。

2.peel（皮）

peel 表示"果皮"，橘子、香蕉等需要剥离外皮的水果，它们的外皮都用 peel 这个词。

3.fee（费）

fee 表示"费用"，比如，学费是 tuition fee。fee 和"费"的发音、含义都非常接近。

4.sue（诉）

这两个词发音很像，但起源彼此独立。sue 的源头是拉丁语 sequi（表示"跟随、寻求"）；"诉"表示"表达、诉说"，后来 sue 和"诉"都发展出了"法律诉讼"的意思。

5.fat（肥）

fat 表示"肥胖"，跟"肥"发音、含义相似。同时，两个词在各自的语言中都不是礼貌用词。

6.canteen（餐厅）

很多人以为 canteen 是"餐厅"的音译，但这两个词没什么关系。canteen 的源头是意大利语的 cantina，指存放酒的地方。

7.conquer（攻克）

conquer 表示"征服，克服"，和中文的"攻克"发音相似，意思也差不多。conquer a problem 表示"攻克一个问题"。

8.mom（妈）

其实不只英语的 mom 和汉语的"妈妈"发音相似，似乎在世界上多数语言中，"妈妈"的读音都差不多。ma 和 pa 是婴儿最早发出的两个音，这是婴儿在进行发音练习，急切的父母却拿来把这两个发音作为孩子对自己的称呼了。

关于这种现象的解释，除了巧合，我还想到了《圣经》中"巴别塔"的故事。

据《圣经》记载，在人类历史初期，世界上的人们还共用一种语言，因为沟通特别高效，人类社会也迅速发展，于是他们决定建造一座通天塔，以此彰显自己的力量，欲与天公试比高。上帝不满意人类的傲慢，于是惩罚了他们，只用了一招就将巴别塔项目停工了——他混乱了人类的语言，使他们无法相互理解。工匠们无法沟通，巴别塔的建造不得不终止。语言不通也造成了人类族群间永恒的冲突和隔阂。

从警笛声到海妖塞壬：语言延展的内在逻辑

生活中你肯定听过救护车（ambulance）、警车（police car）和消防车（fire engine）的声音。这些声音都属于"警笛声"。这里的"警"不是"警察"的意思，而是"警报"的意思，因为这些车辆都安装了警报器。"警笛声"的英文是 siren，比如，an air-raid siren 表示"空袭警报"。

siren 这个词很有来头，它还有一个特殊的含义——古希腊神话中的海妖"塞壬"。

为什么警笛声跟海妖扯上关系了呢？

我们先聊聊海妖。Siren 在中文里直接采用音译——塞壬。

在希腊神话中，塞壬是一种海妖，呈半人半鱼（或半人半鸟）形态，它们美若天仙，最大的特点是拥有天籁般迷人的嗓音。

它们居住在西西里岛附近的小岛上，专门用歌声魅惑来往的船员，让他们失去意识，让船只触礁沉没，船员则成为它们的腹中餐。

荷马史诗《奥德赛》中，也记录了奥德修斯与塞壬的故事。

当奥德修斯率领船员即将经过塞壬所在的海岛时，他得到了神的告诫，事先命令手下把自己牢牢地绑在桅杆上，让大家不要听从他的指挥，并让所有手下用蜂蜡把耳朵堵上。

当船渐渐驶近塞壬岛，塞壬的歌声响起，那蛊惑的魔音穿透耳膜，直抵奥德修斯的心灵。

果然，奥德修斯产生了一股抑制不住的想要亲近塞壬的欲望，他疯狂地挣扎晃动，并大声喊叫，想要手下给他松绑。

因为水手们的耳朵被蜡封住，什么也听不见，即便看见奥德修斯苦苦挣扎，但因为事先已经得到了命令，他们并没有理睬奥德修斯，奋力摇桨前行……

随着塞壬的歌声越来越远，奥德修斯和水手们终于逃过了塞壬的魅惑之劫。

那么问题来了：塞壬的歌声是一种不祥之兆，为何警车、消防车、救护车的警报声要用 siren 这个词呢？

大家想想，什么时候街上会有警笛大作的车辆驶过？一定是某地发生了人命关天的紧急状况。

所以，警笛声和塞壬的共性就在于 "It's a signal of danger.（都预示着危险）"。

218

看到这里，你一定会想问，塞壬和人鱼（mermaid）有何区别？

两者的共性在于，它们都是人身鱼尾。

两者的区别在于，塞壬只存在于希腊神话中，是一种用歌声害人的海妖，一般认为是女性。人鱼存在世界各地的传说中，而且不一定会害人。比如，《安徒生童话》里《海的女儿》中的主角小美人鱼就是善良的化身；中国神话里的南海鲛人长着人身鱼尾，它们不一定是女人，流出的眼泪会结成珍珠；在日本传说中，人鱼肉有长生不老的效果，日本多地都流传着"八百比丘尼"的传说。

从"无名女尸"说起：那些有意思的人名哏

在恐怖电影《尸检无名女尸》（*The Autopsy of Jane Doe*）中，警察提到一具无名女尸时，用了这样的表述："She's a Jane Doe."

Jane Doe 是谁？我们先来看影片名——*The Autopsy of Jane Doe*。autopsy 表示"解剖"，Jane Doe 指"无名女尸"。因为 Jane 是英文中非常常见的女子名，比如，plain Jane 就是"普通女子"的意思；而 Doe 是个拼写简单的姓氏。Jane Doe 最初其实是一个法庭用语，用来指"不知姓名或隐匿真名的女当事人"。这个说法非常古老，来自中世纪的英国。

不过在现代美国警察的用语中，Jane Doe 一般是身份不明或未经确认的女尸的代名词。

由于 Jane Doe 不是一个真实的人名，所以前面要加上不定冠词 a，表示"一具女尸"。把 Jane 替换成最常见的男子名 John——John Doe，就是指"无名男尸"了。如果死者是儿童，则被称为 Johnny Doe。

看到这里，英文名是 Jane 的女士或 John 的男士倒也不用担心，只要你的姓氏不是 Doe 就可以了。英文中像这样与人名相关的知识点还有很多，来看下面这道题：

In this part of town, people are only worried about keeping up with _____.

A.others who are faster

B. late-night television programmers

C. the Joneses

D. safer driving in wet weather

这是一道大学生英语竞赛题，正确答案是 C。我们来翻译一下这个句子："在城市的这片区域，人们只担心是否赶得上 The Joneses。"

The Joneses 是什么意思？

The Joneses 中的 Jones（琼斯）是英文大姓，所以 the Jones 指"一般家庭"，而复数形式的 the Joneses 就表示"跟自己社会地位相等的那些人"。

所以，keep up with the Joneses 也是一个常用短语，表示"不落后于跟自己社会地位相似的人，跟这些人攀比、较劲"。

我们再造个句子体会一下，"I moved to another town, because I got tired of keeping up with the Joneses.（我搬到了另一个城镇，因为我已经厌倦了和那些与自己社会地位相似的人攀比、较劲）"。

没学够？那我再讲几个。

1.Tom, Dick and Harry

这个短语的意思相当于中文里的"阿猫阿狗"，比如，"Nowadays, every Tom, Dick and Harry goes to college.（现在阿猫阿狗都能上大学）"。补充一点，这句话中的谓语动词用 goes 而不是 go，是因为"Tom, Dick and Harry"作为整体通常被视为单数名词。

2.Don Juan

中文译名是"唐璜"，唐璜是西班牙民间传说中的"情圣"，在莫里哀、拜伦、普希金、大仲马、莫扎特的笔下流传了 400 多年，已经成为"花花公子"的代名词。假如你身边有个花花公子，你想劝你的闺密离他远点，你可以说"Stay away from such a Don Juan."。

3.Simon Legree

如果你在工作中碰到了一位特别严厉的老板，你可以称他为 Simon Legree。

这个典故出自斯托夫人的名著《汤姆叔叔的小屋》（*Uncle Tom's Cabin*）。小说里，Simon Legree 是一个残暴的奴隶贩子。现在，Simon Legree 常用来形容要求严格到冷酷无情程度的老板、教师、军官等。

4.Karen

参考俚语词典的解释，Karen 目前已经成为一个带有贬义的名字，指代那些蛮横无理的、脾气不好的、自认高人一等的、种族主义的中年白人女性。她们往往仗着某些权力为所欲为，肆意指挥他人。

语句重构
生活

情起心真，
一往而深

1

When the
heart is sincere,
love deepens

爱是想触碰又收回的手

最近，一位读者问这个名句"Love is a touch and yet not a touch."怎么翻译，今天就跟大家讨论一下这个句子。

我查了一下，这句话出自美国作家 J. D. 塞林格，他最知名的作品是《麦田里的守望者》。

"Love is a touch and yet not a touch."出自塞林格的短篇小说《破碎故事之心》(*The Heart of a Broken Story*)。这篇小说不是很有名，文章里的这句话却广为流传。原文的语境是这样的：

...There are some people who think that love is sex and marriage and six-o'clock kisses and children, and perhaps it is, Miss Lester. But do you know what I think? I think that love is a touch and yet not a touch.

一个比较常见的译文是："有人认为爱是性，是婚姻，是清晨六点的吻，是一堆孩子，也许真是这样，莱斯特小姐。但你知道我怎么想吗？我觉得爱是想触碰又收回的手。"

这段其实对比了两种爱的定义：第一种定义认为爱就是 sex and marriage and six-o'clock kisses and children（性、婚姻、清晨六点的吻、一堆孩子）；第二种定义认为 love is a touch and yet not a touch（爱是触摸但又不是触摸）。对比一下便知，前面提到的性、婚姻、清晨六点的吻、一堆孩子，是 touch 一词的各种意象，代表"欲望"，而 yet not a touch 代表"对欲望的克制"。

所以，love is a touch and yet not a touch 的内涵是"欲望是爱，但对欲望的克制，更是爱"。

这让我想到短文《如果我爱你》里有一段话，意境比较类似。

"如果我爱你，而你也正巧爱我。……你头发乱了的时候，我会笑笑，替你拨一拨，然后，手还留恋地在你发上多待几秒。……但是，如果我爱你，而你不巧地不爱我。……你头发乱了，我只会轻轻地告诉你，你头发乱了哟。"

这段话说得直白一点，就是"如若相爱，便携手到老；如若错过，便护他 / 她安好"。毫无疑问，携手到老是爱，但护他 / 她安好也是一种爱，而且似乎这种情感输出方式更高级，因为其中包含了前者可能没有的坚守、懂得、奉献、牺牲，克制、责任以及承诺。

《圣经》里对爱有一个比较长的定义，第一句就是"Love is patient.（爱是忍耐）"，这里的忍耐就是克制。

而塞林格的 love is a touch and yet not a touch 正是想表达这种克制。而且你发现没有，这句话运用了矛盾修辞法（oxymoron），乍一看似乎意义是排斥、矛盾的，其实是一种刻意的强调，同时增加戏剧性的效果。举个典型的例子：deafening silence（震耳欲聋的寂静），震耳欲聋和寂静看似矛盾，实则凸显出一种极度的寂静。而想触摸但不触摸，的确突出了这种克制。

　　所以，这句话公认的最佳翻译就是"爱是想触碰却又收回的手"，这个翻译妙就妙在把这种克制的感觉形象化成一只想去触碰但又收回的手，极富画面感，让人读了感同身受。

爱就是爱上"爱"本身

前两天，有读者问我一个问题，这个问题本身就足够惊艳："Love loves to love love."怎么翻译？

先来谈谈说这句话的人，英语句子一会儿再分析。这句话出自詹姆斯·乔伊斯之口，喜欢外国文学的读者对他应该不陌生。被称为"英文世界最难懂的意识流作品"《尤利西斯》就是他的作品。

下面我们就仔细看看他这句名言"Love loves to love love."。

这里面出现了四个 love，我们依次为它们标上序号，"① Love，② loves to，③ love，④ love"。

①是名词，表示"爱"或"爱情"。

②是动词短语，想必大家很熟悉，表示"爱 / 喜欢（做某事）"，比如，"My mother loves to cook.（我妈妈喜欢下厨）"。

③是动词，love 表示"爱上"。

④是名词，含义同①。

看到这里，如果你还是有点蒙，那么咱们再类比一下，把①和④换成 Jack 和 Rose：

Jack loves to love Rose.（杰克喜欢爱上露丝的感觉。）

这样是不是就很清楚了？

回到"Love loves to love love."这个句子，我们试着去翻译一下：爱就是爱上"爱"的感觉。换句话说，爱其实就是去爱"爱"本身。

还不明白？我突然想到两首歌的歌词，应该能帮助你理解。第一个是陈奕迅的《一丝不挂》中的一句歌词，词作者林夕写出了跟乔伊斯琴瑟共鸣的一句歌词：难道爱本身可爱在于束缚。结合上下文，这句话的内涵是，我像个木偶一样日夜被你牵动，难以割舍，难道爱的本质就是这种无形的羁绊与束缚吗？

另一首歌是谢霆锋的《因为爱，所以爱》。

其实乔伊斯的这句话就是讨论了爱的本质、爱的真谛。

什么是真正的爱？爱就是一种爱上别人的感觉，享受其中的牵肠挂肚和百转千回。我再举个例子，小明爱上了小红，乔伊斯把小明拉到一边，语重心长地对他说："小明啊，其实你爱的不是小红，你爱的是你爱上小红的感觉。你爱的不是人，爱的是那种感觉！"

可能这个例子不太恰当，但或许这就是"Love loves to love love."的内涵。

下面来探讨一下这句英语到底怎么翻译更好一点，其实中文里的"爱"也有两个词性：动词和名词。那这句话是不是可以翻译为"爱爱爱爱"？形式比英文更整齐划一。

当然，通俗易懂一些的话，可以这样翻译。

1. 因为爱，所以爱。

2. 爱本身可爱。

3. 爱就是爱上"爱"本身。

他不爱我，尽管如此，他还是赢走了我的心

一位读者问了我一个有趣的问题：莫文蔚的歌曲《他不爱我》，为什么官方给出的英文名是"He Loves Me Not"，而不是我们熟悉的"He Doesn't Love Me"，两者有何区别？

莫文蔚的这首《他不爱我》，我相信是很多"70后""80后""90后"耳熟能详的一首歌。

首先，"He Loves Me Not"这个英文歌名，让我想起了两种花的英语：勿忘我（forget-me-not）和含羞草（touch-me-not）。

其实，无论是love me not，还是forget me not，抑或touch me not，都是一种诗意的写法，而诗词常不按语法规则来写，汉语诗词亦如此。

英语中有个术语专门来说明这种情况——poetic license，即"诗词的破格"。这是个重要的文学概念，先了解一下其定义：

The freedom to depart from the grammar rules when

speaking or writing in order to create an effect. （为了制造一种效果，在演说或写作过程中违反语法规则的一种自由度。）

我稍微解释一下这个定义。有时候，诗词作者为了给读者创造一种独特的感受，会采用对仗、押韵，或故意让文字显得突兀的写法，有些写法甚至是违背语法规则的。而这种写法在文学上是被破格允许的，故被称为"诗词的破格"。比如下面的歌词：

Imma buy you a <u>drank</u>

And then Imma take you home with me

I got money in the <u>bank</u>...

词作者没有用 drink，而用了 drank，是为了跟最后的 bank 押韵，这就属于诗词的破格。

理解了这一点，再看看上述两种花的名字：forget-me-not 和 touch-me-not，是不是给人一种很诗意、很文雅的感觉？如果按照语法规则写成 don't forget me 或 don't touch me，反而显得俗气。再回到莫文蔚《他不爱我》的英文歌名 "He Loves Me Not"。其实，歌词也可以算诗歌，作为一首诗歌的标题，肯定要文雅一些，你觉得 He loves me not 和 He doesn't love me 哪个更文雅？答案不言而喻。

另外，He loves me not 还能引发人们对一个悲伤桥段的联想。相信大家在很多电影或电视剧里看到过这种桥段：当一个人暗恋某人，但不知道对方喜不喜欢自己的时候，会通过数花瓣的方式来寻找一个答案。他会摘一朵花，撕下第一片花瓣，说"He

(She) loves me.",再撕下第二片花瓣,说"He (She) loves me not.",以此类推,撕下最后一片花瓣时,答案也就呼之欲出了。这里的 He (She) loves me 和 He (She) loves me not 是英语中的习惯用法,也是一种带有诗意的说法。

所以,莫文蔚《他不爱我》的英文歌名似乎在表明,当她默默数到最后一片花瓣时,发现答案是 He loves me not。

这首歌把这种卑微的爱描写得淋漓尽致,也击中了很多人的内心。知道了这一层英语知识,再回头看这首歌,是不是感觉更有意境了?

爱也许不会在你光芒万丈的时候出现，
而会在你狼狈不堪的时候降临

    意大利米兰一家正在装修的爱马仕店门口墙面上写着这样一句话，"Love didn't meet her at her best. It met her in her mèss."，字面意思为"爱不会在她最好的时候遇见她，而会在她一团糟的时候遇见她"。

    简单解释一下句中的两个语言点。at one's best 是一个固定搭配，表示"在某人状态最好的时候"，也就是光芒万丈的时候；in one's mèss 表示"在某人一团糟"的时候，也就是某人潦倒落魄的时候（为啥 mèss 上有个小撇，我们在本节最后再来讲。）

    我觉得这句话暗藏了 like（喜欢）和 love（真爱）的区别：当一个人光芒万丈的时候，受到万千喜爱并不稀奇；而当他落魄潦倒的时候还有人不离不弃，那就是真爱了。

    这让我想到一中一外两个爱情场景。

    《甄嬛传》里，果郡王见过甄嬛落魄的时候，但他还是不离不弃地守护在她身边，这份真爱最终打动了甄嬛。我想，是不是可以用"Love didn't meet her at her best. It met her in her mess."来描述这种情境？

玛格丽特·杜拉斯，法国著名女作家。童年的苦难影响了她的一生，她从1943年开始写作，那时候没人把她当作家，直到1984年她创作出了《情人》，从此名扬世界，那一年她70岁。

杜拉斯所有的作品中最负盛名、最精彩的句子，位于《情人》这本小说的开头，以下为英文版：

One day, I was already old, in the entrance of a public place a man came up to me. He introduced himself and said, "I've known you for years. Everyone says you were beautiful when you were young, but I want to tell you I think you're more beautiful now than then. Rather than your face as a young woman, I prefer your face as it is now. Ravaged."（我已经老了。有一天，在一处公共场所的大厅里，有一个男人向我走来，他主动介绍自己，他对我说："我认识你，我永远记得你。那时候，你还很年轻，人人都说你美，现在，我是特地来告诉你，对我来说，我觉得现在的你比年轻的时候更美，那时你是年轻女人，与你年轻时的面貌相比，我更爱你现在饱经沧桑的面容。"）

其实这本小说也折射出杜拉斯与比自己小40岁的扬·安德烈亚的"忘年恋"。

还有一句话据说也来自杜拉斯，但这句话是不是杜拉斯本人说的还有待考证。这句话说得实在精彩，道出了真爱的真谛：

爱之于我，不是肌肤之亲，更不是一蔬一饭，它是一种不死的欲望，是疲惫生活中的英雄梦想。

翻译成英文是 "To me, love which isn't just kissing and touching or eating for survival, is the desire not to die and a kind of heroic dream in the exhausted life."。

我们再回到 "Love didn't meet her at her best. It met her in her mèss." 这句，我觉得一个不错的翻译是 "爱也许不会在你光芒万丈的时候出现，而是会在你狼狈不堪的时候降临"。

最后再来讲讲为什么这句话中 mèss 一词中的 e 上面会出现一个小撇。其实，her mèss 连在一起，再去掉一个 s，正好是 Hermès（爱马仕）。这个双关是不是很可爱？

偶尔会碰到漆了彩虹漆的人，
那就是无与伦比

　　如果说有一部电影将爱情描绘得最为美好和纯粹，那就是《怦然心动》（*Flipped*）了。

　　在豆瓣网上，超百万人给这部影片打出了 9.1 的高分。今天我就跟大家聊聊这部"神作"

　　先说说它的片名吧，很多人不晓得为何 *Flipped* 这个英文名字要译成"怦然心动"，其实这个翻译特别好。

　　flip 作动词的意思是"快速翻动"，经常跟 through 连用，表示"快速浏览"，比如：

　　I flipped through the magazine.（我快速翻看这本杂志。）

　　I flipped through the channels with the remote.（我用遥控器快速切换电视频道。）

　　当你看到你心仪的对象时，你的心似乎被"快速翻动"起来，那么 flipped 就可以引申为"怦然心动的"。

接下来，我们重点分析全片核心的一句话。外公向孙子传授了一句人生哲理，老爷子是这么说的：

① Some of us get dipped in flat, some in satin, some in gloss, ② but every once in a while, ③ you find someone who's iridescent, ④ and when you do, nothing will ever compare.

这句台词很多人都很喜欢，被奉为经典，也因此产生了很多译法。

其中最有名的是韩寒的翻译，"有人住高楼，有人处深沟，有人光万丈，有人一身锈，世人万千种，浮云莫去求，斯人若彩虹，遇上方知有"。

不少电影字幕组也直接采用了韩寒的翻译。

不得不承认，这段翻译无论是对仗、押韵还是意境都很到位，所以在网上广为流传。但是，若是按照信、达、雅的标准来对照的话，达和雅都做到了，但信有没有做到呢？所谓"信"，就是忠于原文，韩寒的这段翻译似乎有点离原意太远，特别是"有人住高楼"一句，可能会让一部分读者认为 flat 是"高楼"的意思。

我把这句话分成四部分并标上了序号，下面我们逐一分析。

在①句中，老爷子提到了三个关键词：flat、satin、gloss，这三个单词其实代表着三种光泽度不同的油漆。

flat 表示"平的"，flat paint 是平光漆，就是几乎不反光的那种漆。

gloss 表示"光泽、光亮"，gloss paint 是亮光漆，是一种能反光的漆。

satin 表示"绸缎"，satin paint 表示带有可以反射一些光的漆，一般译为"缎面漆"，光泽度介于平光漆和亮光漆之间。

有人可能会问我：你怎么知道这三个词指的是"漆"？注意看①句中的动词短语 get dipped in，表示"浸在……里"。

所以，老爷子很明显是做了个比喻，①句的字面意思是"在三种不同亮度的油漆里浸泡过"。

知道了这个比喻，后面的句子就不难理解了。

②句中的 every once in a while 是个固定搭配，表示"偶尔"。

③句 you find someone who's iridescent 里的 iridescent 非常重要，表示"色彩斑斓的"。

iridescent paint 也是一种漆，专业术语是彩虹漆，这是一种色彩绚丽的漆，可以反射、折射光线，产生流光溢彩的视觉效果。

所以，someone who's iridescent 就是"浸泡在彩虹漆里的人"。

④句中，when you do 的 do 是一种省略结构，意为"当你发现那种在彩虹漆里浸泡过的人"；nothing will ever compare 意为"没什么可以比得上"。

请大家结合我的讲解，再把完整句子看一遍：

Some of us get dipped in flat, some in satin, some in gloss; but every once in a while, you find someone who's iridescent, and when you do, nothing will ever compare.

有人给出了自己的译文："有人漆了平光漆，有人漆了亚光漆，有人漆了亮光漆，偶尔会碰到漆了彩虹漆的人，那就是无与伦比。"

我再贴出韩寒的译文："有人住高楼，有人处深沟，有人光万丈，有人一身锈，世人万千种，浮云莫去求，斯人若彩虹，遇上方知有。"

如果翻译界也有流派，那么韩寒的译本属于"意译派"（或"雅派"），第二种译本属于"直译派"（或"信派"）。

在此我也给出我的译本，跟上面的两种版本讨教一下："有些人朴实无华，有些人光鲜亮丽，有些人锋芒毕露，但你若遇到一个流光溢彩的人，其他人都顿时黯然失色了。"

关关雎鸠，在河之洲；窈窕淑女，君子好逑

作为一个学英语的人，惊闻许渊冲先生去世，不禁伤感。许老把很多中国典籍翻译成优美的英文，并把西方很多著作译为中文，为中外文化交流做出了巨大贡献。许老活到一百岁，中文里叫"期颐之年"，但他晚年并没有停下脚步，依然每天坚持学英语，坚持做翻译，是所有英语学习者的榜样！

下面我就分享几个许老典雅翻译的经典案例，共同缅怀这位翻译界泰斗。

"关关雎鸠，在河之洲；窈窕淑女，君子好逑"出自《关雎》。《关雎》是《诗经》第一首，几乎每个中国人都会背。

第一句的大意是"雎鸠相对鸣唱，双栖在河中的小岛之上"，用实物描写引出下面的感情抒发，"文静秀丽的姑娘，是我心中想追求的对象"。

许老对这两句诗的翻译是这样的：

By riverside are cooing, a pair of turtledoves;

A good young man is wooing, a fair maiden he loves.

这两句翻译最厉害的地方在于 cooing 和 wooing 的对仗。

coo 在英文中表示"咕咕的鸟叫声",而关关雎鸠里的"关关"正是描写二鸟相互应和的叫声。

woo 是一个动词,表示"追求(异性),求爱",对应"好逑"。

能想到这两个词,不得不佩服许老的功力。

coo 和 woo 发音相似、拼写相近,一个译出了"关关",一个译出了"好逑"。正如许老所言,音、形、义都到位了。

另外,turtledove 用得也挺妙。原文中的雎鸠是古书上记载的一种水鸟,类似于鱼鹰,英语可以用 osprey 或者 fish hawk。但要是这么照实翻译的话,意境就没了,而且没法和下句押韵。

许老选择了 turtledoves 一词,我查了一下,tutledove 是斑鸠,经常成双成对出现,虽然不是水鸟雎鸠,但意象相同,象征爱情。而且 turtledoves 和后句的 loves 押上了尾韵。

许老对这两句诗的翻译可以称得上形式对仗、押韵完美、意境到位。

许老对《江雪》的翻译也很精妙:

千山鸟飞绝,万径人踪灭。

孤舟蓑笠翁,独钓寒江雪。

244

From hill to hill no bird in flight,

From path to path no man in sight.

A lonely fisherman afloat,

is fishing snow in lonely boat.

许老擅长的翻译技法就是押韵和对仗。在读许老的译文时，你会感觉朗朗上口，似乎在读中国的古诗，这就是他了不起的地方，比如，这首诗中的 From hill to hill 和 From path to path、in flight 和 in sight、afloat 和 boat，对仗、押韵工整。此外，整个译文准确，勾勒出了中文意境，诗文画面跃然纸上。

最后，我再分享一个公认的许老最令人拍案叫绝的译文吧，相信也是很多人印象最深的。

"不爱红装爱武装"是毛泽东同志的一句著名诗句，用来赞扬英姿飒爽的女民兵。

许老的译文是 "to face the powder and not to powder the face."。

让人看完不禁觉得中文很妙，英文更妙。

红装和武装里都有一个"装"字，但表达了两个完全不同的概念，红装比喻外表、打扮，武装比喻保家卫国的斗志。

许老的翻译妙就妙在 face 和 powder 两个词的活用。

face 既可以作名词，表示"脸"，也可以作动词，表示"面对、直面"。

powder 既可以作名词，表示"炮火，火药"，也可以作动词，表示"给……搽粉"。

所以，to face the powder 直译为"面对火药"，意译出了"武装"；powder the face 直译为"给脸搽粉、化妆"，意译出了"红装"。这句翻译巧用了 face 和 powder 的词性变化，同时又运用了交错配列，把原句的内涵展现了出来，同时又朗朗上口，实属妙译！

许老晚年在接受采访时，经常引用改变古代西方文明进程的翻译大师圣哲罗姆的名言：

Good, better, best.

Never let it rest.

Til your good is better

and your better is best.

许老对这句英文的翻译也很精彩：

好上加好，精益求精；

不到绝顶，永远不停。

这句话无疑也折射出许老这一辈子做学问的态度。我辈愿继承老先生的这种治学精神，架起中西方文化交流和沟通的桥梁！

孤独由我，
自渡清冷

2

Solitude is
my choice,
self is your voice

痛是难免的，苦却是甘愿的

有读者问我，村上春树书中说的"Pain is inevitable. Suffering is optional."如何翻译。我先来把大家的翻译思路模拟一遍：pain 是"痛苦"，inevitable 是"不可避免的"；suffering 也表示"痛苦"，optional 表示"可选择的"。所以，整句话连在一起是"痛苦是不可避免的，而痛苦是可选择的"，是不是有点蒙了？

接下来，我来分析一下这句话妙在什么地方，相信通过我的分析，你一定会爱上这句话。你也可以把这句话作为自己的各种社交媒体的签名，很酷，很励志。

首先，pain 和 suffering 是对应的，inevitable 和 optional 是对应的。虽然 pain 和 suffering 都表示"痛苦"，但这两个"痛苦"有区别，pain 指身体上的疼痛，这种疼痛是身体的预警机制，不受主观意志的控制。比如，你切菜时不小心切到了手，你无法控制自己不感到疼，对吧？所以说 pain is inevitable（身体上的

248

疼痛是避免不了的）。再来看 suffering，因为和 pain 对应——前面说过，pain 是不受主观意志控制的疼痛——所以 suffering 指由主观意志控制的疼痛，可以是肉体上的疼痛，也可以是精神上的。

我给你举个例子就很清楚了。印度有很多苦行僧，其中一个有名的苦行僧叫巴拉蒂，他上举右手 45 年不放下来。这种肉体上和精神上的苦头别人不能理解，他却甘之如饴，为了自己的信仰，主观选择吃苦，这就叫 suffering is optional。当然，suffering is optional 并不只限于宗教中，生活中处处都有生而为人主动去吃苦的案例。比如村上春树，村上春树是日本知名大作家，出版过很多脍炙人口的好书，比如《挪威的森林》《1Q84》《海边的卡夫卡》。

我个人最喜欢的是他的这本书——《当我谈跑步时我谈些什么》。这本书讲的是他通过跑步来悟道——不只是悟出跑步能锻炼一个人的身体、精神和意志，还能锻炼出一个人之所以为人的境界。本篇开头提到的这句英文名言，就出现在这本书的前言中。这篇前言的标题叫作"自讨苦吃的选择"，你看，这是不是就是"Pain is inevitable. Suffering is optional."的一种译法呢？

村上将这句英文翻译成日语：痛みは避けがたいが、苦しみはオプショナル。

《当我谈跑步时我谈些什么》有繁体字和简体字两个译本，简体版的译者是施小炜，他的译文是："痛楚难以避免，而磨难可以选择。"繁体版的译者是赖明珠女士，她的译文是："痛是难免的，苦却是甘愿的。"

我个人更偏向于赖女士的译文，贴切而隽永。没错，人的本能是趋利避害，但人之所以高贵，在于人能主动选择吃苦。目标都不是一蹴而就的，为了实现目标，得到幸福和快乐，就要甘于承担肉体与精神上的痛和苦。比如，一些人为了热衷的事业，要承担种种压力和痛苦，经历披星戴月、项目失败、负债累累、对手攻击，但他们依然坚持着，为了自己的理想奋斗着。只有正视痛与苦，并甘愿承受它，才能配上自己的追求。因为，只有坚持了别人不能坚持的坚持，才能成就别人不能成就的成就。

Pain is inevitable. Suffering is optional.

希望这句话能给苦苦奋斗中的你，带来一丝温暖和力量。

你看得越多，你看到的就越少

我最近看见一句英文，觉得挺妙，"The more you look, the less you see."。

字面含义是"你看得越多，你看到的就越少"。

看到这句话，有人可能一下子蒙了。什么？看得越多，看到的越少，这不是悖论吗？其实这句话很好地体现了 look 和 see 的区别。look 一般指"用眼睛看"，see 除了表示"用眼睛看"，还可以表示"用脑子去理解"。

有个常用口语句型叫"I see."，这里的 see 并不代表真的用眼睛"看见了"，而是代表用脑子思考后"理解了"，所以，当你明白别人的意思时，可以说一句："Oh I see.（哦，我理解了／我懂了）"。

或者，你可以认为 see 表示你在脑海中"看到"了一幅景象，是一种更高维度的"看"，所以对于抽象事物的"看见"，都可以用 see，例如，see the truth（了解了真相）、see the point（理解了观点）、see the difference（明白了差异）。

说到"看"，你可能还知道一个表示"看"的单词——watch，那 watch 和 look 有何区别呢?

如果说 watch 表示"用眼睛认真、仔细、持久地看"，那么 look 就表示"短暂地看"，也就是"看一眼"的意思，比如，"What are you watching?"表示"你在观察什么?"，而"What are you looking at?"就类似于东北话里的"你瞅啥?"。

总结一下:

1.look 表示"用眼睛短暂地看，看一眼"的意思。

2.watch 表示"用眼睛持久、仔细地看"，比如 watch TV（看电视），还可以引申为"留心、注意"，比如 watch your back（小心你的背后）。

3.see 也可以表示"用眼睛看"，但强调看的结果，表示"看到、看见"，比如，"Seeing is believing.（眼见为实）"，但 see 还可以表示一种更高维度的"看"，即"用脑子去理解"。

所以，再来看"The more you look, the less you see."。这句话实际想表达的意思就是，你眼睛看得越多，你理解的就越少，因为乱花渐欲迷人眼，视觉信息量太大以至于你无法集中注意力，因而也就看不清了。面对纷繁复杂的情况，用眼睛去看绝对会看花眼，所以不如闭上眼睛，用脑子来"看"，用逻辑思维能力来推理，抽丝剥茧，层层梳理，最后才能发现真相、理解奥义。因此，跳出表象营造的幻觉，思考发生的一切，说不定就能悟出真相了。

这种情况在魔术中很常见，当你越盯着魔术师的手，越容易被表象带偏，就越猜不到魔术师的把戏。

为什么说"当局者迷，旁观者清（The outsider sees the most of the game.）"？就是因为旁观者看到的少，反而更能理解局势。

分析了那么多，那"The more you look, the less you see."这句话怎么翻译才合适呢？我之前在网络上征集了网友的翻译，评出了几句非常好的，看看你最喜欢哪个版本？

1. 你看到的表象越多，你看到的本质就越少。

直接、简单的直译，句子内涵一目了然。

2. 越是仔细观察眼前的真相，你离真相往往越远。

有种破案的感觉。

3. 越看其皮相，就越不见其骨相。

我蛮喜欢这句中皮相和骨相的说法，皮相就是外在，就是眼睛看到的东西；而骨相就是内在，是需要用脑子去理解的东西。

4. 越看其表，就越不见其里。

相较于皮相和骨相，表和里更简洁易懂。

5. 所知亦所障。

第一眼看到这句，我就有种"不明觉厉"的感觉！

我查了一下才发现，这句翻译中提到的是佛教"三障"之一的所知障。

简单来说，就是你所知道的表象也是你理解世间本质的阻碍。

比如，网络上各种"站队"事件，根据单方面说法而"站队"的人，执着于自己想看到的表象而选择立场，就会错过甚至拒绝接受事件的真相；学英语，你越是痴迷于网上各式各样的方法论，就越觉得英语学不好，学起来很累很吃力。

除了自己的无知，我一无所知

有人问我，怎么看待对 philosopher（哲学家、哲人）的定义。我在网上看到这样一种对 philosopher 的定义："A person who knows less and less about more and more, until they know nothing about everything."

字面的意思是，"哲学家是这样一个人，他对'越来越多'知道得'越来越少'，直到他们对所有一切一无所知"。

这只是字面意思，并不是通顺的翻译，但大家凭借这个字面含义，再结合我们对哲学家的认知，应该大体能理解了吧？

这让我想到了邓宁－克鲁格效应。

下图坐标的横轴描述了一个人的 competence（能力、本事）从 know nothing（小白）到 guru（大师）的变化。纵轴表示 confidence（自信）从低到高的变化。

该曲线描述了能力和自信之间的关系。

1. 当一个人一无所知，但又极其自信时，他正处在 peak of

255

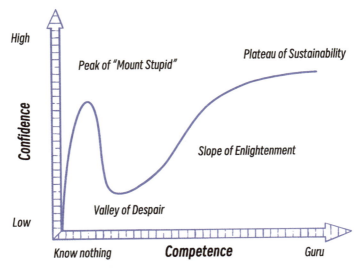

邓宁－克鲁格效应曲线图

"mount stupid"（愚昧之巅）。

2. 随着能力的累积，认识到自己的无知，人的自信会瞬间崩塌，跌入 valley of despair（绝望的低谷）。

3. 随着能力进一步累积，自信也慢慢升高，人在这一阶段处在 slope of enlightenment（开悟之坡）。

4. 当能力达到一个高值，又很有自信之时，人就处于 plateau of sustainablity（可持续发展的高原）的阶段了。

说得简单一点，一个人的人生可能会经历这么四个阶段：不知道自己不知道（愚昧）、知道自己不知道（拐点）、知道自己知道（开悟）、不知道自己知道（大师）。

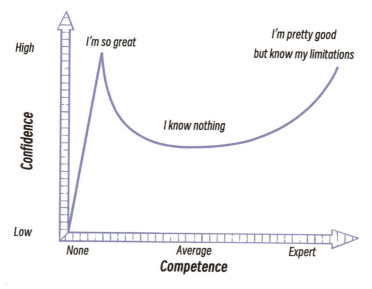

邓宁－克鲁格效应曲线图通俗版

　　这四个阶段在人生发展中不可"跳级"，只能一个阶段一个阶段地突破。如今，绝大多数人可能还处于第一个阶段。大概有85%的人处于"I'm so great（我好棒）"的"愚昧之巅"；约10%的人意识到自己的愚昧后，渐渐踏上"I know nothing（知道自己不知道）"的"开悟之坡"；只有约5%的人才能到达第三个阶段，也就是"I'm pretty good but know my limitations（我很棒但我知道自己有局限）"的"大师境界"。

　　自查一下，你正处于哪个阶段？

　　很明显，能到达最后一个阶段的人就达到哲学家的水平了。

　　古希腊大哲学家苏格拉底就曾这样评价自己，"I know

nothing except the fact of my ignorance.（除了自己的无知，我一无所知）"。

　　你看，连柏拉图、亚里士多德的老师苏格拉底都这么谦虚，我们有什么资格说自己什么都懂呢？

　　所以，朋友们，从"愚昧之巅"下来吧，不求今生能当大师，但至少要踏上"开悟之坡"吧？

　　最后，我分享一个对开篇提到的哲学家定义的唯美翻译。

　　其实对于这个英文释义，我一开始是这样理解的："哲学家就是这样一个人，他们对越来越多的事情知道得越来越少，直到他们对所有事一无所知。"

　　后来我看到一位读者如此翻译，不禁感叹：高手在民间！我望尘莫及！

　　这位读者是这样译的：所知越多，越感不足，最终知所得不过大千微尘。

我存在因为你存在

"I am because you are."乍一看好像是个错句，be 动词 am
和 are 后面怎么没有表语？

其实，这个英文句子没问题，而且还是个英文中的名句。英
文中有很多名句，be 动词后面都没有表语，比如，莎士比亚的
"To be, or not to be, that is the question.（生存还是毁灭，这
是一个问题）"，笛卡尔的 "I think, therefore I am.（我思故
我在）"。

其实，be 动词除了作为主语和表语的连接词，还有一个功能：
表示"存在"。看看《韦氏词典》的解释：

To have an objective existence; have reality or actuality;
live.（be 表示"拥有一种客观存在"，同 live。）

所以，莎士比亚的 to be or not to be 等同于 to live or not
to live；笛卡尔的 "I think, therefore I am." 等同于 "I think,
therefore I live."。

了解了这一层含义，我们来看电影《人工智能》，机器人乔在被人类抓走时，无奈而又骄傲地喊出了一句话："I am, and I was."意思就是"我现在存在，也曾经存在"。

　　我们再回到"I am because you are."这句话，如果把 be 动词都换成 live，句子含义就很清楚了，"I live because you live."，即"我存在因为你存在"。

　　换言之，你若不存在，我也将不复存在，表达了一种你中有我、我中有你，彼此相互依存的状态。

　　"I am because you are."这句英文源自曼德拉倡导的一种非洲古老的价值观：Ubuntu（乌班图）。曼德拉说过一句话："In Africa, we have a concept known as ubuntu, based upon the recognition that we are only people because of other people.（在非洲，有一个概念叫"乌班图"，它基于这种认知：我们之所以为人，是因为他人的存在）"

　　所以，乌班图强调"我存在是因为大家存在"，一个人之所以为人，是借由与他人的互动所表现出来的。

　　我曾在社交媒体上进行了一个小互动，请大家来翻译"I am because you are."。我发现点赞最多的评论竟然都是歌词，都是对这句英文非常到位的翻译，一起来看看。

　　　　因为你，所以我。——五月天《因为你，所以我》
　　　　我和你，心连心。——北京奥运会主题曲《我和你》
　　　　你不在，我不在。——黄龄《high 歌》

我存在在你的存在。——梁静茹《崇拜》

有一句话叫"最好的关系，就是彼此成就"，你好我也好，你不好，我也好不到哪儿去，人类本来就是一个命运共同体。

我成了死神

　　克里斯托弗·诺兰导演的《奥本海默》可以说是 2023 年的一部现象级电影，我的总体观感是：这是一部没有半点娱乐性的、严肃的、认真的好电影。影片最震撼我的不是原子弹爆炸的场景，而是奥本海默造出原子弹后的那种矛盾、不安，甚至痛心。

　　奥本海默的悲剧恰如他的传记原标题——《美国的普罗米修斯》，希腊神话中的普罗米修斯为人类盗天火，但盗火者的悲剧在于，点燃了火，却控制不了它。奥本海默越成功，世界上越多人会因他的成功丧命。因此，电影里不止一次出现了奥本海默的这句名言："Now, I am become Death, the destroyer of worlds."。

　　这句话是奥本海默亲口说的，我们先看看这句话的上下文，后面我再分析这句话背后的深意。

We knew the world would not be the same. A few people laughed, a few people cried, most people were silent. I remembered the line from the Hindu scripture, the *Bhagavad-*

Gita. Vishnu is trying to persuade the Prince that he should do his duty and to impress him takes on his multi-armed form and says, "Now, I am become Death, the destroyer of worlds." I suppose we all thought that one way or another.（我们知道世界不会再像以前一样。有些人笑了，有些人哭了，大多数人保持沉默。我想起了印度教经文《薄伽梵歌》里的一行。毗湿奴正试图说服王子去尽他的职责，并为了给他留下深刻印象而展示了自己的多臂形态，说道："现在，我成了死神，世界的毁灭者。"我想我们所有人或多或少都有过这样的想法。）

有人问我：不是一个句子只能有一个谓语吗，那为什么 am 和 become 能同时出现？这句话里，am become 并不是语法错误，而是一种古老的英语用法，am 在这里是一个助动词，类似 have，后面要跟过去分词，表示一个完成的动作。但 be done 更能体现"此刻已完成"，所以 I am become Death 的含义是"此时此刻，我变成了死神"。类似的用法，参见林肯《葛底斯堡演说》中的"We are met on a great battlefield of that war."这句话，这里的 are met 就表示"此时此刻我们相遇"。

奥本海默的这句话实际上来自印度教古经文《薄伽梵歌》（*Bhagavad-Gita*）里的一句话，原文是梵语，英语是他自己翻译的，采用古英语的语法也是为了体现这种古老感。顺便说一下，奥本海默除了是物理天才，还是语言天才，精通六种语言，其中就包括极难懂的梵语。

奥本海默早年在哈佛求学期间，对印度教哲学产生了浓厚的兴趣，后来在加州大学伯克利分校，他每周专门跟一位梵文教授学习梵语。正是在那里，奥本海默第一次接触到了印度教经典《薄伽梵歌》。造化弄人，十年后，奥本海默发现自己几乎陷入了与《薄伽梵歌》中出现的同样的困境。

这里就得给大家介绍一下《薄伽梵歌》的故事背景。故事是以对话形式展开的，对话的参与者是王子阿周那和他的马车夫克里希纳。克里希纳实际上是印度主神毗湿奴的化身。

王子阿周那面临一个极其令人困扰的道德和精神挑战：他必须代表自己的家族和另外一支家族战斗，以恢复自己家族的名誉，但敌方阵营跟自己同出一脉，包括自己的兄弟、好友和长辈，对于这场同族自相残杀的战争，阿周那感到困惑和沮丧。就在这个关键时刻，马车夫克里希纳与王子做了一番关于宗教、信仰、生命和死亡的对话，以劝服阿周那坚定信心，投入战斗。

前面提到，克里希纳实际上是毗湿奴的化身，他在试图说服阿周那的过程中显示了真身，就是奥本海默说的 multi-armed form（多臂形态），并说了一句 "Now, I am become Death, the destroyer of worlds."。

这个场面深深地震撼了阿周那。身为凡人的阿周那看到了无数面孔、无数臂膀以及无数眼睛，同时也看到了毗湿奴的多个化身正在吞噬和摧毁一切。毗湿奴这样做是想向阿周那表明：在宇宙秩序面前，无论你是否选择战斗，死亡和毁灭都是宇宙存在的一部分，他个人的选择并不能改变这一点。阿周那意识到自己的意志在宇宙秩序面前微不足道，最终也理解并接受了自己的使命，顺应天意。

说完《薄伽梵歌》的故事，我们应该能明白奥本海默说出那句话的深意了。观看原子弹试爆的奥本海默如同看到毗湿奴真身的阿周那，他意识到造出原子弹是人类发展的必然趋势，是宇宙规律，如果没有奥本海默，也会出来个"奥本天默""奥本地默"，既然历史选择了奥本海默，他也只能顺应历史，哪怕再纠结、悔恨和无奈。尽管他没有做到像阿周那那样坦然，但还是从《薄伽梵歌》的古老智慧中找到了解脱，因为一切都超出了他的控制，他只能接受命运，不能再做更多的事情，于是就有了这句"Now, I am become Death, the destroyer of worlds."。

说到这里，我不禁想起 1964 年我国第一颗原子弹爆炸成功。核武器对我们的意义究竟是什么呢？电影《钱学森》中有一句台词："手上没有剑，和有剑不用，不是一回事。"这句话说得比较雅，朱德说得就很直白了："搞了不用也得搞，不然，没法踏实过日子。"换句话说，就是"可以不用，但不能没有"。原因很简单：有了核武器就有了话语权。美国《时代周刊》曾经把奥本海默作为封面人物，底下配了一行小字：

What we don't understand, we explain to each other.（我们不理解的地方，需要相互解释、沟通）。

看完电影，我更能理解这句话的内涵了：在人类拥有能相互毁灭的武器之前，不需要去理解对方，干就完事了；但有了核武器后，人类必须学会如何好好沟通，和平相处。愿世界和平。

我没身处危险，因为我就是危险

　　有一位读者问道：美剧《绝命毒师》中的台词"I'm not in danger. I'm the danger."如何翻译才霸气？《绝命毒师》是不少人心中排名第一的"神剧"，就连衍生剧《风骚律师》也火得一塌糊涂。《绝命毒师》中的主角"老白"沃尔特·怀特原本是一个老实本分的高中化学老师，因为身患癌症，想为家人留下一笔财富，便铤而走险，凭借自己的化学知识走上了制毒的道路。原本他想赚些钱就收手，结果一发不可收。他开始享受其中，他的人格也发生了质变，一步一步变为毒老大"海森堡"。

　　剧情我就不多说了，回到那句话的翻译，这句话产生的背景是这样的：当"老白"一再被妻子逼着收手，特别是当妻子说"It will make you in danger.（这会让你身处危险中）"的时候，"老白"突然发生"人格切换"，"海森堡"人格被唤醒，便对妻子说了这句"I'm not in danger. I'm the danger"，字面意思是"我才没有身处危险，我就是危险"。"老白"本想告诉老婆不用担心自己，结果却让她感到更害怕了……

其实，"I'm not..., I'm....（我不是……，我就是……）"是一个经典句型，很多名句都运用了这样的结构。2018 年平昌冬奥会上央视解说员陈滢对花滑运动员羽生结弦有这样一句著名的评语："他让我想起了一句话——命运，对勇士低语：'你无法抵御风暴。'勇士低声回应：'我就是风暴。'"我查了一下，这句评价的英文原文来自电影《碟中谍 6》开场两位特工的接头暗语，只不过略有不同：

Fate whispers to the warrior,

"A storm is coming."

and the warrior whispers back,

"I am the storm."

看来陈滢在解说冬奥会花滑比赛前应该看了《碟中谍 6》。电视剧《权力的游戏》中也有一句类似的台词，"The true enemy won't wait out the storm. He brings the storm.（真正的敌人不会坐等风暴结束，他就是风暴）"。巩俐在《西游记之孙悟空三打白骨精》的台词"什么叫身在地狱，我就是地狱！"可以翻译为"I'm not in the hell. I'm the hell."。另外，网络长篇悬疑小说《默读》里有这样一句话："我不是凝视深渊的人，我就是深渊。"这句话可以翻译为"I'm not the one who's looking into the abyss. I'm the abyss."。这句话其实改编自尼采在《善恶的彼岸》中的名言，以下为英文版：

Battle not with monsters, lest ye become a monster, and if you gaze into the abyss, the abyss gazes also into you.（与怪物战斗的人，应当小心自己不要成为怪物。当你凝视深渊时，深渊也在凝视着你。）

某位女演员曾经说过一句类似结构的名言，很霸气："我不嫁豪门，因为我就是豪门。"英语中有个短语可以表示"嫁入豪门"：marry into money。那么这句话可以翻译为"I won't marry into money. I'm the money."。

我们是星尘做成的

　　某个周末，我陪孩子去逛上海天文馆。馆内资料翔实、设备先进，呈现手段丰富精彩，极大激发了参观者对宇宙的兴趣，大家有机会一定要自己去体验下。

　　下面跟大家分享一些我在馆内碰到的英文。

　　"宇宙"是三大主展区之一，我们来看门口的英文翻译——Cosmos。我相信大家一定很疑惑，为什么这里不用 universe?

　　没错，有两个英文单词可以表示"宇宙"：universe 和 cosmos。很多时候两个单词能通用，但有风格上的差别。universe 的词源是拉丁语 uni（单一）和 verse（转动），字面意思是"全部转向一点"，表示所有存在事物的总和。cosmos 来自希腊语 "κόσμος"（kosmos），原意是"秩序"，与 chaos（天地开辟前的混沌状态）相对。这个词通常用于描述一个有秩序、和谐和具有美感的宇宙。从观感上来说，universe 偏学术，cosmos 偏文艺。在学术论文、科普文章中，你更有可能看到 universe 一词；而在小说、诗歌等文学体裁中，你更有可能遇到 cosmos 一词。cosmos 最能唤起人类对宇宙美丽的联想，相较于 universe 的理性，cosmos 则更显浪漫。

不过，展区内有一首关于宇宙的小诗，标题用了 universe，可见两词有时的确是相通的，可以替换。我们来看看这首诗的英文和根据英文翻译成的中文。

The tangible and the invisible converge to create a flowing space.

有形的和无形的汇聚到一起，形成了一个流动的空间。

A vast and deep universe fill our hearts with infinite hope.

辽阔且深邃的宇宙以无限的希望填入我们内心。

Over time, the lights and colors shine together in brilliant and unceasing harmony.

随着时间推移，光、色，在辉煌和永恒的和谐中，交相辉映。

以上翻译毕竟是直译，美感跟原文还是有差距的，我们来感受一下原文。

"有形之物，无形之虚，虚实融合，汇聚成流动的空间。浩瀚的宇宙，引领人心，充满无限希望随时间变迁，光色互映，熠熠生辉。"

"征程"也是主场馆之一，讲述人类的"问天"之路。入口处的这首英文小诗震撼人心，一起来看看。

From stargazing and praying, to predicting celestial signs and gaining insights into astronomical laws.

Astrology was once a natural part of life in the past.

We looked beyond our eyesight into deep space and sent messengers on voyages to explore the stars.

Motivated by curiosity,

We followed the footsteps of countless pioneers and embarked on a long journey.

To infinity and beyond.

诗中这几处用词和表达很好：

stargazing：n. 观星

gaining insights into astronomical laws：洞察宇宙规律

we looked beyond our eyesight into deep space：超越目力，遥望深空

motivated by curiosity：被好奇心驱使

followed the footsteps of countless pioneers：沿着无数先驱的足迹

sent messengers on voyages to explore the stars：运送使者踏上探索星空的征程

最后一句 to infinity and beyond 把情绪推到了高潮。

infinity 表示"无限"，这里比喻宇宙空间的无限性，and beyond 是固定搭配，表示"及其以外"，表示涵盖某个范围以及

更广泛的范围。所以，to infinity and beyond 对应原文的"星辰大海，无远弗届"，非常到位。

另外，场馆的名字"征程"没有用 Journey 一词，也没有用 Expedition，而用的是 Odyssey。这个词很妙。

Odyssey 来自荷马史诗《奥德赛》，该史诗描述了英雄奥德修斯在特洛伊战争后返回家乡伊萨卡的冒险。Odyssey 在英语中通常用来形容一段时间长、充满挑战和冒险的旅程。天文馆使用 Odyssey 作为"征程"场馆的翻译，是想表达宇宙探索也是一场充满未知和挑战的冒险，亦如荷马史诗《奥德赛》所描绘的。

看完整个天文馆，我最大的感受是，宇宙真的是人类的终极浪漫。用天文学家卡尔·萨根在其著作《宇宙》里的一句话来说就是：

The nitrogen in our DNA, the calcium in our teeth, the iron in our blood, the carbon in our apple pies were made in the interiors of collapsing stars. We are made of starstuff.（我们 DNA 里的氮元素，我们牙齿里的钙元素，我们血液里的铁元素，还有我们吃掉的东西里的碳元素，都是曾经大爆炸时的万千星辰散落后组成的，所以我们每个人都是星辰。）

类似的说法还有美国理论物理学家、宇宙学家劳伦斯·克劳斯的名句：

Every atom in your body came from a star that exploded. And, the atoms in your left hand probably came from a different star than your right hand. It really is the most poetic thing I know about physics: You are all stardust. ...The stars died so that you could be here today.（你身体里的每一个原子，都来自一颗爆炸了的恒星。你左手的原子与右手的原子，很有可能来自不同的恒星。这实在是我所知道的物理学中最富诗意的事情：你的一切都是星尘。……恒星的陨落便是如今你在此的原因。）

仰观宇宙之大，俯察品类之盛，所以游目骋怀，足以极视听之娱，信可乐也

意大利宇航员萨曼莎·克里斯托福雷蒂在她的个人社交账号上发布了一组自己拍摄的太空摄影作品。一张是中国渤海湾，另一张是北京市白天和夜景照片。图片已经十分吸睛，但上面的中英文配文更是惊艳。我们看到，萨曼莎写了一段中文和一段英文，中文来自东晋著名书法家王羲之所著的《兰亭集序》中的一句话："仰观宇宙之大，俯察品类之盛，所以游目骋怀，足以极视听之娱，信可乐也。"

这里就要简单介绍一下王羲之《兰亭集序》的创作背景，中华文化的瑰宝咱们可不能不熟悉：东晋时期，王羲之与谢安等41位高官在当时的山阴（今浙江绍兴）兰亭这个地方聚会，大家轮流作诗，而《兰亭集序》是王羲之为他们的诗写的序。

咱们先用白话文把《兰亭集序》中的这句话翻译一下。

仰首观览到宇宙的浩大，俯看观察大地上的万物，用来舒展眼力，开阔胸怀，足够来极尽视听的欢娱，实在很快乐。

英文部分应该是萨曼莎·克里斯托福雷蒂尝试根据这句中文翻译的，不得不说，英文翻译的水平很高，她对中文的理解也很深刻，值得学习。

先看"仰观宇宙之大，俯察品类之盛"的翻译。

Looking up, I see the immensity of the cosmos; bowing my head, I look at the multitude of the world.

咱们分解一下里面的语言点。

Looking up（抬头仰望）是一个放在句首的状语。

"I see the immensity of the cosmos.（我看见了宇宙的浩瀚）"，这里的 immensity 表示"巨大，广阔"，比如，"I am amazed by the immensity of the Pacific Ocean.（我惊叹于太平洋的壮阔）"。

cosmo 是对于宇宙比较文学化的称呼。

bowing my head（低头俯瞰）也是一个放在句首的状语，跟前面的 looking up 对仗。

"I look at the multitude of the world（我看着大地的繁盛）"这句话里的 multitude 用得很好，表示 an extremely large number of things or people（极其大量的事物或人），可以表示一种繁盛的状态。

再来看"所以游目骋怀，足以极视听之娱，信可乐也"的翻译。

The gaze flies, the heart expands, the joy of the senses can reach its peak, and indeed, this is true happiness.

前三句对仗工整，运用排比，语势逐渐增强。

The gaze flies（眼力舒展，即原句里的"游目"），the heart expands（心胸开阔，即原句里的"骋怀"），the joy of the senses can reach its peak（感觉的愉悦到达巅峰，即原句的"极视听之娱"），你看，翻译得真是又简单又地道。

再看最后一句"and indeed, this is true happiness（确实，这是一种真正的喜悦，即原句中的'信可乐也'）"。

这里的"信"表示"确实，实在，真正"，句末的"也"表示感叹的语气，信可乐也的意思是"这实在是真正的乐趣啊"，所以萨曼莎的"and indeed, this is true happiness"翻译得十分到位。

看完萨曼莎的中英对照配文，我有三个感慨。

第一，王羲之没上过天，却能写出这样的文字，可以说是想象力突破天际了。一千多年过去了，我们的身形已能摆脱大地的束缚，得以更真切地仰观俯察，但饱览万象的感慨依然能流传千年引发共鸣，可谓"虽世殊事异，所以兴怀，其致一也"。

第二，萨曼莎是为数不多的女性太空人，而且她多才多艺，除了母语意大利语，她还会说英语、德语、法语、俄语和汉语。这一次，中国文化经她之手传遍世界，让全世界都相信人类的悲欢是能跨越文字、彼此相通的。

第三，请大家多背背古诗词，否则就会"少壮不背古诗词，老大望景空流泪"。

为萨曼莎点赞，更为中国文化点赞！

人生路远，
且歌且行

3

Life's journey
is long,
sing and march on

这个世界是我的牡蛎

　　每到毕业季，我都会分享一些寄语。在这之前，先聊聊"毕业典礼"的英文。有两个词——graduation 和 commencement，都可以表示"毕业典礼"，但我更喜欢后者，因为这个单词更有哲理。commencement 有两层含义，一是"毕业典礼"，二是"开端"，比如，"The principal gave an important speech at the commencement.（校长在毕业典礼上做了重要讲话）"；the commencement of the new financial year（新财年的开始）。

　　那么问题来了：为何 commencement 兼具"结束"和"开始"两个彼此相反的含义？

　　我曾经看过《时代》杂志的一篇文章，第一句话说得很清楚："They call it commencement because it's supposed to be a new beginning.（人们之所以把毕业典礼称为 commencement，是因为它被认为是一个新的开始）"学生离开一个阶段，迈入下一个阶段，确实既是结束又是开始，用 commencement 表示"毕业

278

典礼"，真是恰如其分啊！

　　讲完了"毕业典礼"的英文，下面就给大家分享一个当你在毕业典礼上，意气风发想要闯荡世界之时，可以在网络上发表的文案，"The world is my oyster!"。

　　这句话来自威廉·莎士比亚，寓意"这个世界由我做主"。

　　The world 我们都认识，而 oyster 表示"牡蛎"，为什么牡蛎跟世界由我做主有关？下面我就给大家讲讲这句话的由来。

　　按照字面意思，"The world is my oyster."表示"世界是我的牡蛎"。

　　外国人非常喜欢这句话，尤其是英国人，他们甚至用这句话里的核心词 oyster 给伦敦交通卡命名。

　　前面提到，这句话出自威廉·莎士比亚，其实英文中的很多短语、句型、用法、名言、典故，都出自他之手，堪称"西方鲁迅"。"The world is your oyster."这句话出自他的喜剧作品 *The Merry Wives of Windsor*，它的中文译名也很有喜剧色彩，叫《温莎的风流娘儿们》。这部喜剧的主人公是一个花天酒地的爵士，名叫约翰·福斯塔夫，他有一帮狐朋狗友。有一次，一个叫皮斯托的人找福斯塔夫借钱，被他一口回绝："I will not lend you a penny.（我一分钱也不会借你）。"皮斯托也不是个省油的灯，他这样回应："The world's my oyster, which I with sword will open.（这个世界是我的牡蛎，我用剑就可以把它撬开）"

　　再回到那句话——The world's my oyster，皮斯托把世界比喻成他的牡蛎，还说会用剑把它撬开，取到里面的珍珠，暗示"如果你不给我钱，我就自己去抢"。

可见，这句话的原意是在威胁，世界就是我的牡蛎，哪怕它紧闭着，我也会把它给撬开。

不过这句话的现代含义已经发生改变，换一种角度来看，这句话是不是也可以表示"某人的能量很大，可以随心所欲"？内涵基本等同于"You can do whatever you want."。现代语境中，"The world is someone's oyster."可以对他人用，也可以对自己用。

人生而自由，却无往不在枷锁之中

"Man is born free, and everywhere he is in chains." 这句话相信大家都听过，这是卢梭的经典名言，译为中文是"人生而自由，却无往不在枷锁之中"。最近，我却听到了这样的翻译：人自由地生下来，然后到处都生活在锁链之中。

到底哪个翻译是正确的呢？我们得先了解一下卢梭是谁，以及这句名言产生的背景。

卢梭是 18 世纪法国的哲学家和作家，其思想对欧洲启蒙运动和后续的法国大革命都产生了深远的影响。

他最著名的作品就是《社会契约论》，其中最重要的一个论述就是"L'homme est né libre et partout il est dans les fers."，这是法语原文，公认的英文翻译就是前面提到的"Man is born free, and everywhere he is in chains."。如果你懂法语，你会发现，英语跟法语是逐词对应的，完美地诠释了法语的含义。

我们先梳理一下英文句子的成分和含义，一会儿再聊翻译问题。

Man 在这里表示"人",在古早的文本里,man 泛指所有人,包括男人和女人。

is born 是被动语态,表示"被生下来"。

free 这里是主语的补足语,补充说明主语性质和状态。也就是说,人生下来的状态就是自由的。

and 这里不是表并列,而是具有一些转折含义,可译为"然而"。

everywhere 是地点状语,"在任何地方"。

he is in chains 里的 he 泛指所有人(跟前面的 man 对应),chains 是一种比喻,指社会上的法律和道德的约束。

这句话目前公认最好的翻译来自翻译家何兆武:"人是生而自由的,但却无往不在枷锁之中。"我们在网上经常看到的"人生而自由,却无往不在枷锁之中"是何兆武版本的继承和优化,读起来朗朗上口,含义深邃。

另一个版本却把人生而自由翻译成"人自由地生下来"。按照这个逻辑,卢梭不再是哲学家,而是变成妇产科医生了。在这一翻译中,原文 Man is born free 中的 free 被错误理解成副词作状语,形容生下来的过程,这显然是不对的。如果按照此理解,free 应该改成 freely,这才是副词。而 Man is born freely 和 Man is born free 有本质的区别,前者表示"人是自由地生下来",后者表示"人生而自由",意思和内涵完全不一样。

Man is born freely 强调的是出生这一过程是自由进行的,没有限制或束缚；而 Man is born free 则强调了自由是人与生俱来的特质，其实不只是人，世界上所有的生命本来就是生而自由的。你看，鸟儿自由迁徙，植物的根可以自由生长到有水的地方，枝叶自由伸展到有阳光的地方。自由也是地球自然生物生生不息和繁盛的条件！人也是生而自由的，但人们为了享有社会的保护和福利，必须付出一些代价，那就是让渡一部分的自由，去遵守法律，坚守道德。这就是卢梭的原意：社会需要建立契约，人们需要让渡部分自由，遵守法律，坚守道德，以获得社会的保障，即"无往不在枷锁之中"。

芸芸众"身"，各有不凡

有人给我分享了一张图片，上面有个英文句子挺精彩。"Nobody is nobody."，这句话不难理解，body 指的就是每个人的身体，nobody 表示"小人物、无足轻重的人、无名之卒"。

我还想到一个句子，"Nobody is perfect. I'm nobody."，字面意思是"nobody 是完美的，但我就是那个 nobody"。第一个 nobody 表示"没有人"，第二个 nobody 是"小人物"，这句话利用了 nobody 的双关，巧妙地吹嘘自己是完美的，但这种双关真的很难翻译出来。

另外，nobody 的反义词是 somebody（大人物），短语 from nobody to somebody 是不是可以翻译为"今天你对我爱搭不理，明天我让你高攀不起"？

我们再回到"No body is nobody."这句话。第一个 body 指的是"每个人的身材、身体"，第二个 nobody 意指"无足轻重的"，"No body is nobody."用双重否定表肯定，意思是每个人的身材都是重要的，暗指不要因为你的身材不符合某种审美标准而自我否定。无论高矮胖瘦，你都可以散发一股自信、乐观的气场，每个人都是独特的存在，都有独特的美感，这才是应该宣扬的审美观，而不是千篇一律的"白瘦幼"。

有人把"No body is nobody."这句话翻译为"芸芸众'身'，各有不凡"。你会怎么翻译呢？

女性最强大的力量不仅在于生育

一位朋友给我发来了一张报纸上的一句话："The most powerful force of a woman is not giving birth."字面意思是"女性最大的力量不是生育"。换言之，女性最强大的力量不仅在于生育。

这句话让我感触颇多，在这里我就发散一下思维，跟大家聊一个更大的话题。

上面这句话让我想起了史蒂文·斯皮尔伯格的经典电影《辛德勒名单》里的一句台词，拯救万千犹太人的商人辛德勒对纳粹军官说了一句话：

Power is when we have every justification to kill, we don't.（真正的强者是，当他拥有生杀予夺的大权时，选择不杀。）

法国启蒙思想家卢梭说过一句名言，"人生而自由，却无往不在枷锁之中"。

在这个处处都是枷锁的社会中，自由是一个特别稀缺的东西，更是一种宝贵的品质。而很多人弄错了自由的概念，我们总以为自由是你想做什么就能做什么，但真正的自由在于你不想做什么就可以不做什么。

我把这句话翻译成英文：

People always think freedom is the ability to do whatever you want, but true freedom lies in the ability to not do what you don't want to do.

其实西方哲学界对这两种自由下过一个定义，前者其实是"自由欲望（free desire）"，后者是指"自由意志（free will）"。自由欲望是出于本能的，比如，你在购物网站上看到一件喜欢的衣服并下单，这就是自由欲望；而自由意志是基于理性判断的抉择，比如，你在购物网站上看到一件喜欢的衣服，但考虑到自己的衣服够穿，没必要再添一件，于是放弃了购买的念头，这就是自由意志。

前面提到的辛德勒的那句话，"当他拥有生杀予夺的大权时，选择不杀"，一个人选择了仁慈，选择了善良，而不是放大嗜血的欲望，这就是自由意志，也是人性光辉的体现。

很明显，自由意志是一种更高级的自由，是一种对你自己生命的掌控。换一个词来说，可能就是"自律"。这让我想起某个 App 的宣传语，"自律给我自由（Self-discipline gives me freedom）"。

如果你一味地沉浸在自由欲望中，你虽然感觉很自由，想做什么就做什么，但你恰恰被困在了一个更大的枷锁之中，因为欲望本身就是枷锁。

而如果你培养出了自由意志，换句话说，就是"我命由我不由天"，不受欲望的裹挟，不受他人的摆布，你会活得更自由、更通透。

我们再回到一开始报纸上的那句话：

The most powerful force of a woman is not giving birth.

这是对某种社会枷锁的反抗，无疑是女性自由意志的觉醒。

这里的 not giving birth 暗含"生不生这件事应该由当事人做主，不能为外力所强迫"。

电影中大权在握却选择善良的纳粹军官是强者，而生不生由自己做主的女性同样也是强者。不要因为想养儿防老而去生一个小孩，也不要因为想获得一个所谓的"完整人生"而去生一个小孩，仅仅是因为爱，也有养育后代的经济基础，才去生小孩，这是自由意志，拥有这种自由意志的都是真正的强者。

有异曲同工之妙的还有下面这则宣传语，虽然很不起眼，却是文明的进步。

婚姻不是女性的归宿，生育不是女性的义务。

她不必相夫教子，她不必柔情似水。

她的价值在于其本身，她的权利生来平等。

冲破枷锁，打破偏见。

她的伟大在于成为自己。

为什么辜负女性的国家都会失败

　　最近我给学生讲了一篇《经济学人》的文章，这篇文章的标题特别有趣，今天我就重点聊聊这个标题。

　　"Why Nations that Fail Women Fail"，这个标题玩了一个 fail 的词性哏，要想感受这种精妙，你必须先了解下面的词性原理。

　　我们都知道，fail 作动词表示"失败"，名词形式是 failure。但 fail 作动词时还细分为及物动词和不及物动词。所谓"及物动词"，就是该动词后面必须跟一个"物（宾语）"才能构成完整意思，比如 buy（买）、find（找到）等单词。而不及物动词是指后面不需要跟"物（宾语）"就能构成完整意思的动词，比如 work（工作）、leave（离开）等单词。

　　但有些动词既可以作及物动词也可以作不及物动词，比如 start，它既是不及物动词，比如 "Let's start.（让我们开始吧）"，又是及物动词，比如 "Let's start the meeting.（让我们开始会议吧）"。

"Why Nations that Fail Women Fail"里的 fail 兼具及物动词和不及物动词的用法。作及物动词时，fail 表示"辜负"，比如，我不会辜负你，可以说"I will never fail you."；作不及物动词时，fail 表示"失败"，又如，他的计划失败了，可以说"His plan failed."。

"Why Nations that Fail Women Fail"其实是一个 why 引导的名词性从句，里面还嵌套了一个定语从句，咱们把句子层次划分一下。

"Why nations（主语）<that fail women>（定语从句）fail（谓语）."

这样一来，句子的意思就很清楚了："为什么辜负女性的国家都会失败。"

不过，这只是直译，下面给大家看看两位同学的意译，令人"脑洞大开"。

一位同学把这则标题翻译为"负妇则覆国"，用了三个同音字，这是把中文拿捏得炉火纯青了。

还有一位同学的翻译更妙，"这个负妇不得政"，巧妙地结合了数学里的"负负得正"，真是妙不可言！

当然，标题都这么精妙了，文章自然更"美不胜收"，好词好句比比皆是，比如文章中的这一段：

Researchers at Texas A&M and Brigham Young universities compiled a global index of pre-modern attitudes to women, including sexist family laws, unequal property rights, early marriage for girls, patrilocal marriage, polygamy, bride prices, son preference, violence against women and legal indulgence of it.

这段文字的大意是，美国两所大学的研究人员编制了一个国际指数，反映对女性的"前现代化"态度（也就是不够文明的做法），包括以下这些条目：

sexist family laws：性别歧视的家庭法

unequal property rights：不平等的财产权

early marriage for girls：女孩的过早婚姻

patrilocal marriage：婚后住到婆家的婚姻（拓展：matrilocal marriage，婚后住到娘家的婚姻，即"入赘"）

polygamy：一夫多妻制

bride prices：彩礼

son preference：重男轻女

violence against women：对女性的暴力

legal indulgence of it：法律纵容对女性滥用暴力（it 这里指代前面的 violence against women）

愿以这篇文章的标题 "Why Nations that Fail Women Fail" 为警戒，呼吁我们的社会保护女性权益，任重而道远。

人生有两个悲剧，第一是想得到的得不到，第二是想得到的得到了

　　最近看了一组漫画，左图画的是一个人在工作中想着度假，右图画的是这个人在度假中却满脑子都是工作。我当时随手写了句英文评价："This is the irony of life. You struggle to get the rest you want and deserve, but when you finally get it, you start to worry about work."

　　这也让我想起了著名的王尔德悖论，"There are only two tragedies in life: one is not getting what one wants and the other is getting it. （人生有两个悲剧，第一是想得到的得不到，第二是想得到的得到了）"。有人可能会问：得不到是悲剧可以理解，为什么得到了依然是悲剧？张爱玲的那句话是一个经典的解释："娶了红玫瑰，久而久之，红的变成了墙上的一抹蚊子血，白的还是床前明月光；娶了白玫瑰，白的便是衣服上的一粒饭粘子，红的却是心口上的一颗朱砂痣。"

表面上，想得到的得到了是件值得庆幸的事情，但细品便发现，其中蕴含着更大的悲剧预设。因为得不到很痛苦，可一旦得到了，你可能会有短暂的快乐，但很快，你又会有新的渴望、新的期待。于是，新的痛苦又来了。

所以，作家史铁生断言："人真正的名字叫欲望。"月入 5000 时想月入 1 万，月入 1 万时想月入 5 万，月入 5 万时想月入 10 万，永远没有尽头。人就是一团燃烧的欲望，欲火不断，痛苦不断。

德国哲学家叔本华说过一个有名的句子，"Life swings like a pendulum backward and forward between pain and boredom.", swing 表示"摇摆"，pendulum 意为"钟摆"，backward and forward 表示"来回"，between pain and boredom 表示"在痛苦和倦怠之间"，整句话的意思是"人生如同钟摆，在痛苦和倦怠之间摇摆"。人的欲望得不到满足就会痛苦，欲望满足之后会产生厌倦，厌倦之后又会有新的欲望，如此周而复始。人生正是在这种单调的摆动中一点点过去了，这不能不说是一个悲剧。

说到这里，你是不是很想问一句：怎么办？你会发现，唯一的办法就是管控好自己的欲望。（注意，不是斩断欲望，有欲望不是坏事，适度的欲望能激发我们不断前进，但不能过度。）就像《功夫熊猫》里乌龟大师的一句名言，"Yesterday is history. Tomorrow is a mystery. Today is a gift. That's why it is called the present.（昨天已过去，明天未可知。唯有今天是一份礼物）"，这就是为什么 present 既有"现在"的意思，也有"礼物"的意思。这句话实际上表达了活在当下（seize the day）的理念，用拉丁语格言来说，就是 Carpe diem。

有欲望意味着活在明天，而明天是虚无缥缈的，你把握不住，只有今天、只有当下才是可控的。所以，工作时就好好工作，度假时就好好度假，切莫多想。愿我们都能今朝有酒今朝醉，明日愁来明日愁，不做欲望的囚徒，做自己真正的主人。

命运的齿轮开始转动

最近，"命运的齿轮开始转动"这句话在网上非常流行，这里我就带大家了解一下这句话的来源，并聊聊它的英文该怎么说。

"命运的齿轮开始转动"似乎出自日本动漫，我查了一下，很多日本动漫都有类似的说法，比如《名侦探柯南》就有一首主题曲叫《運命のルーレット廻して》（转动命运的轮盘）。"命运的齿轮开始转动"的意思不难理解，就是"命运已经开始做出改变，命运的转折已经开始了"，来形容改变人命运的事件的发生。比如，许仙在西湖断桥上借给白娘子一把伞，你就可以说"命运的齿轮开始转动"；又如，我在高三填报大学志愿时填了英语系，我命运的齿轮开始转动。

下面来讲讲"命运的齿轮开始转动"该如何翻译。

其实命运的齿轮在西方的确有一个对应的概念。

大家都知道塔罗牌吧？

塔罗牌的历史可以追溯到 15 世纪的欧洲，到了 18 世纪和 19

295

世纪，塔罗牌被神秘主义者和占星师用来作为占卜的工具。

塔罗牌中有一张叫"命运之轮"的牌，抽到这一张牌，就意味着你的生活中将会产生变数和新的开始。

牌面中心的圆轮象征命运之轮，左侧的蛇象征邪恶，蛇头向下代表命运的沉沦；右侧背负命运之轮者为埃及神明阿努比斯，代表背负命运上升的渴望；命运之轮正上方的盘坐者为人面狮身，代表智慧、抉择与平衡。牌面四角的动物分别象征水瓶座的天使、狮子座的狮子、金牛座的牛及天蝎座的鹰，代表四大元素，即水瓶座—风、狮子座—火、金牛座—土、天蝎座—水。

WHEEL ʌ FORTUNE.

随着塔罗牌的传播与发展，命运之轮所代表的概念也传入各国，渐渐被用来形容命运的改变。

这张卡牌的底部写有 wheel of fortune（命运之轮），wheel 是"轮盘"，fortune 表示"财富"，在这张牌里指"命运"，比如，算命的英文是 fortune telling，算命师叫 fortune teller。命运的齿轮开始转动就可以翻译为"The wheel of fortune began to spin."。

如果你不信命，像哪吒一样信奉"我命由我不由天"，你就可以这样说，"Life is a wheel of fortune and it's my turn to spin it.（人生就是一个命运之轮，得由我来转动它）"。

如果分析得更细一些，相比西方人说的"命运的轮盘"，"命运的齿轮"的说法更富有哲理。因为命运只靠单独一个齿轮无法转动，而是需要环环扣住其他齿轮一同转动，进而驱动生命不断向前。

这让我想起苹果创始人史蒂夫·乔布斯 2005 年在斯坦福大学的毕业演讲中那段著名的话：

You can't connect the dots looking forward; you can only connect them looking backwards. So you have to trust that the dots will somehow connect in your future. You have to trust in something—your gut, destiny, life, karma, whatever. This approach has never let me down, and it has made all the difference in my life.（你无法预先把点点滴滴串联起来；只有在未来的某个时刻回顾时，你才会明白那些点点滴滴是如何串联

在一起的。所以你得相信，眼前你经历的种种，将来多少会联结在一起。你得信任某个东西，直觉也好，命运也好，生命也好，或者因果。这种做法从来没让我失望，我的人生因此变得完全不同。）

乔布斯提到的 dots 就是人生中的一个个齿轮，这些齿轮的出现你无法预测，只能在回顾时发现它们，你会惊叹它们竟如此巧妙地出现在你生命的一个个时间节点，又如此天衣无缝地相互咬合、联动旋转，推动你生命的发展。这些"齿轮"，在不同文化里有不同的叫法，比如乔布斯提到的 gut（直觉）、destiny（命运）、life（生命）、karma（因果）。

当年，乔布斯顶着父母反对的压力，报考了名不见经传的里德学院。从里德学院退学后，他开始学习当时很小众的字体设计课。后来他去印度禅修，回到苹果公司后，因为性格问题被迫离开团队，开始二度创业。再后来他遇到真爱、被请回苹果公司，以及罹患癌症……是这些"齿轮"共同构筑了他短暂却深刻、壮阔的生命图景。

教育不是把桶灌满，而是把火点燃

作为一名英语老师，每年的教师节也是我自省的时候：我是否配得上"老师"这两个沉甸甸的字？

英语中有句话叫"Education is not the filling of a pail, but the lighting of a fire."。

这句话说得太好了，一下子把教育的本质给提炼出来了：教育不是把桶灌满，而是把火点燃。

所以，不是有教师资格证的人才配叫老师，点燃学生心中火焰的人才配叫老师，最典型的例子就是所有老师的祖师爷——孔子，他虽然没有获得官方的认证，但依然弟子三千，被后世尊为"至圣先师（the greatest sage and teacher）""万世师表（an exemplary teacher for all ages）"。

下面，我就给大家讲讲孔圣人一生当中骂过的一句"脏话"。古人云："人非圣贤，孰能无过？"孔子被吹得再神，但他也是人，也有忍无可忍的时候。孔子曾经被一位弟子气到，说了句"脏话"，没承想这句"脏话"竟流传了两千五百多年，如今更是成了老师们的惯用语！

这还得从孔子的一个学生说起，这个学生叫宰予。此人很聪明，却不是个省油的灯，经常和老师顶嘴，用现代的话来说，就是个"杠精"。有一次，鲁哀公问宰予祭祀的神牌应该用哪种木头做，宰予回答说："夏朝用的松树，商朝用的柏树，周朝用的是栗子树。用栗子树的意思是说，使老百姓看到之后觉得战栗、害怕。"

我们都知道孔子非常推崇周朝的礼制，这样的回答明显让一旁的孔子很不高兴。众所周知，孔子是大孝子，坚持守丧要守三年。他认为，小孩生下来到三岁时才能离开父母的怀抱，所以父母离世，子女也要守他们三年。宰予却反驳说："老师啊，我觉得守丧三年太长了，我看守一年就可以了。"对这个学生，孔子很头疼。终于有一次，一贯温良恭俭让的孔子也没能保持住自己谦谦君子的形象，用现在的话来说，就是"破防"了。

那天，孔子看到宰予在白天睡大觉，很不高兴，便破口大骂："朽木不可雕也，粪土之墙不可圬也！"

这句"脏话"被孔子的弟子记录在《论语·公冶长》中，由于念起来朗朗上口，且画面感极强，遂成了千古流传的名句。

这句话翻译成大白话就是"腐烂的木材无法雕琢，粪土似的墙壁无法粉刷"。

特别是前半句"朽木不可雕也"，现在也成了老师常对一些学生说的话。

如果用英文直译的话，可以翻译成"Rotten wood is hard to carve, nor a wall of dried dung be troweled.", carve 表示"雕琢、雕刻", trowel 是及物动词，表示"用抹子涂抹"，即原句中的"圬"。

我在网上看到一句英文谚语，和这句话有异曲同工之妙，"Fools grow without watering."。

这是个来自意大利的谚语，字面意思是"傻瓜不用浇水就能自己长起来"，也就是傻瓜不用教，朽木不可雕。

我们都知道，孔子还提出过"因材施教（teach students in accordance with their aptitude）"这样跨时代的教育理念，因材施教即"根据每个学生的天资来教学"。

但"朽木不可雕也"这句话直接把学生定性了，认为这样的学生在未来不会有任何发展潜力，看来宰予真的把孔子气得不轻。

不过，历史证明孔子看错了，宰予非但不是朽木，反而成为孔子门下最有出息的学生之一，列于"孔门十哲"。

宰予被唐玄宗追封为"齐侯"，宋代时被追封为"临淄公""齐公"，明朝时被尊称为"先贤宰予"。

所以，即便被老师骂"朽木不可雕也"，但还是有很多学生最后成了大才，就像宰予一样。

生前何必久睡，死后自会长眠

最近我看到一句英文，感觉非常有哲理，"Don't die before you're dead."。

这句话的妙处在于用了两个表示"死"的单词——动词 die 和形容词 dead，那该怎么理解这个句子呢？这句话在英文中非常著名，被频频运用在歌词、文学作品和电影台词中。俄罗斯诗人叶夫根尼·叶甫图申科的一部著名作品，正是用了这个句子来命名，中文译名为《不要在死期之前死去》。这句话的字面意思是"不要在你死之前死掉"，但很明显，这两个"死"的意味不同。

其实人在活着的时候，也可能出现"死掉"的状态，这种"死"不是肉体层面的死，而是精神层面的死。中文有个成语叫"哀莫大于心死"，这里的"死"就是指思想上的麻木不仁，即精神上的死亡。

我还想起臧克家的一句名言："有的人活着，他已经死了；有的人死了，他还活着。"这句话里说的"死了"，并不是指肉体上的消亡，而是指思想麻木，活得没有意义，等同于死亡。英文中还有一个概念叫 walking dead，对应中文里的"行尸走肉"。walking dead 既可以指电影、电视剧里的丧尸，也可以比喻一个思想麻木的人，比如，"Too much work makes me a walking dead.（太多工作让我无法思考，如同行尸走肉）"。其实，最可怕的不是真正的死亡，而是变成了一具缺乏灵魂的躯体。

让我们再回到那句话，"Don't die before you're dead."，直译过来就是"不要在你的肉体死亡前精神先死亡"。当然，要想翻译得有味道，还是需要花费一番脑力的。

我在我的社交媒体上也召集大家来翻译这句话，在这里我选出几个版本，大家一起来品赏一下。

1. 不做行尸走肉

这个翻译的确把句子内涵一步到位翻译出来了。

2. 断气前勿自弃

断气表示肉体的死亡，自弃意味着精神上的死亡，而且"气"和"弃"同音，是个不错的翻译。

3. 请不要 20 岁去世，80 岁才埋

这个翻译很有画面感，表达了虽然肉身活到 80 岁，但在 20 岁时就已没了灵魂。

4. 别躺平

言简意赅，不过，"躺平族"可能并不认可这么翻译。

5. 夫哀莫大于心死，而人死亦次之

这位网友的文学水平很高，引用了《庄子》里的名言，这句

303

话的意思是"最可悲哀的事，莫过于思想变得麻木不仁，这比人死了还悲哀"，跟英语原文的确有异曲同工之妙！

6. 向死而生

这句话其实对英语原文进行了升华。不知死，焉知生？了解了死，才能更懂生的意义，才能活得更有价值，这就是向死而生。

7. 生前何必久睡，死后自会长眠

我最喜欢的是这个翻译，其实这句话出自民国女作家萧红之口，可以说一句话参透了一生事。人们在活着的时候，往往最不珍惜的就是自己的时间，殊不知，时间一去不复返。所以，请珍惜活着的时候，多做一些有意义的事情。中国人是忌讳说"死"的，但是正如前面所说，不知死，焉知生？

最后，再跟大家共勉，"Don't die before you're dead."！

这个世界没什么所谓的"事实"，有的只是各种诠释罢了

我偶然看到一个句子，不禁令人深思，"There are no facts, only interpretations."，facts 表示"事实"，interpretations 表示"解释，诠释"。这句话的意思是，这个世界没什么所谓的"事实"，有的只是各种诠释罢了。

这句话出自德国哲学家尼采的作品——《善恶的彼岸》，这部书中还有另外一个耳熟能详的句子："If you gaze into the abyss, the abyss gazes also into you.（当你凝视深渊时，深渊也在凝视你）。"

我们再回到"There are no facts, only interpretations."，不妨思考一下什么是 facts。康德认为，我们无法直接认识事实，所谓的"事实"只是事物呈现给我们的现象。这句话理解起来有点难度，给大家举个例子：你看见了一朵花，这是事实吗？

视觉成像的原理是这样的——物体的反射光通过眼睛里的晶

状体折射成像于视网膜上，再由视觉神经感知传给大脑。所以，在很大程度上，我们所体验到的事实，实际上是大脑对感官输入的信息的解释。有人可能会说："大脑不会骗我们，它解释的一定是客观现实。"谁说的？大脑不但骗我们，而且经常骗我们。

我们来看这张图。三维世界的圆柱体在二维世界的投影有可能是圆形，也有可能是方形，但三维世界的圆柱体就一定是真实存在的吗？未必。它可能是更高维度的一个投影，所以你永远不可能知道真正的事实是什么，或者说不存在绝对的事实，任何所谓的"事实"都只是某个角而已。

事实是什么？真相又是什么？恐怕没人说得清，更别说我们身处的这个世界了。在这个错综复杂的世界，谁又能看清事实？我们认为的事实只不过是我们相信的某个角度而已，有句话叫

"People only believe what they want to believe.（人们只相信他们愿意相信的东西）"，就是这个道理。

说到这里，就不得不提到黑泽明的经典电影《罗生门》了。罗生门是京都的一座破旧的城门，一个雨天，和尚、樵夫和乞丐在城门底下避雨，三人闲聊，故事由此开始。一个武士和他的妻子路过荒山，妻子被一个强盗侮辱，而丈夫则被杀害。这起案件到底是怎么发生的？强盗、被武士亡魂上身的女巫、妻子、樵夫各自讲述了他们的案件发生版本。为了美化自己，掩盖自己的过失，每个人都从自己的利益出发，讲述着有利于自己的故事。这四个版本相互矛盾，几个人互相指责，让真相变得更加朦胧不清。所以，对于生活中各执己见，"公说公有理、婆说婆有理"的情况，有一个专属的英文名词——Rashomon effect（罗生门效应），本质上就是指不同的人对同一件事会给出不同的解释。"There are no facts, only interpretations." 这句话给我们最大的启示恐怕是八个字："未知全貌，不予置评"。越是舆论滔天的时候，越要冷静，不要盲目"站队"。

最后，用这样一句话结尾，据说是古罗马时期的哲学皇帝马可·奥勒留说的，"Everything we hear is an opinion, not a fact. Everything we see is a perspective, not the truth."。这句话可以和尼采的那句话放在一起解读。多读读哲学吧，虽然哲学不会让我们看清事实和真相，但至少会让我们更理智地活着。

天生我材必有用，千金散尽还复来

我分享过电影《长安三万里》中李白《将进酒》的英文字幕翻译，引来不少讨论。有网友举了个例子：白发应该是 grey hair，电影中却用的是 white hair，完全是直译。有网友说感觉字幕像机器翻译的，还有网友称其实电影字幕也就那回事儿，没什么用。

我忍不住想为译者鸣不平，我觉得译文不错。grey hair 的确是"白发"的常见译法，但确切地说，grey hair 是"花白"，整体看上去是灰色，而形容全白，还是得用 white hair。诗句"君不见，高堂明镜悲白发，朝如青丝暮成雪"，意思是"在高堂明镜之前，我悲伤自己的头发早晨还是黑色，晚上就成了雪白"，李白用"雪"字本身就是为了强调全白，雪怎么会是灰色的呢？所以翻译成 white hair 更符合语境。

为《长安三万里》翻译英文字幕的译者有点来头，是片方邀请的澳大利亚畅销书作家、评论家 Linda Jaivin 女士，她有一个汉语名——贾佩琳。贾佩琳从事相关工作近四十年，曾为华语电影《霸王别姬》《梅兰芳》《英雄》《一代宗师》等进行字幕的翻译工作。

我挺喜欢《将进酒》里的这两句翻译：

天生我材必有用，千金散尽还复来。

Heaven gave me the talent for a reason. Spend now, riches return in season.

烹羊宰牛且为乐，会须一饮三百杯。

Stew the lamb, prepare the ox, let us feast. Tonight we'll drink three hundred cups at least.

还有这一句：

古来圣贤皆寂寞，唯有饮者留其名。

Ancient sages leave no name. It's great drinkers who enjoy great fame.

还有这半句：

斗酒十千恣欢谑……

Wine flowed like water...

你可能觉得 Wine flowed like water 翻译得很简单，但我反而觉得这句翻译得挺厉害，简洁，又有画面感，把那份喝酒如喝水的豪迈气场给翻译出来了。

看得出，译者用尽可能简洁、准确、押韵的词句来展现唐诗韵味，实属不易。

说到古诗翻译，我不禁想到许渊冲，作为古诗翻译大家，许老的翻译一直受到英语爱好者推崇，我们看看他是如何翻译《将进酒》前两句的。

Do you not see the Yellow River come from the sky, Rushing into the sea and ne'er come back?

Do you not see the mirrors bright in chambers high, Grieve o'er your snow-white hair though once it was silk-black?

许老把"悲白发"翻译为 Grieve over your snow-white hair，他用了 snow white hair，"白"的程度比 white hair 更深。另外，许老译文的特点就是押韵，Rushing into the sea and ne'er come back 和 Grieve o'er your snow-white hair though once it was silk-black 都是以 /æk/ 来结尾的。

顺便说一下，诗文中的 o'er、ne'er 是 over 和 never 在诗歌中的缩写形式，用来保持韵律或节奏，因为 over、never 是双音节词，缩写后的 o'er、ne'er 变成了单音节。

有人在我分享《将进酒》字幕的文章下留言："（翻译）可以说是尽力了，无奈汉语太美，若十，则英语不得其一。"说得没错，汉语的确很美，中国有自己独特的历史文化，任凭英语逻辑再严密，也无法完全传递汉语的韵味。

以《将进酒》里的"莫使金樽空对月"举例，电影字幕翻译为"never show the moon the empty cup"，许老翻译为"And never leave your wine-cup empty in moonlight!"。原句妙就妙在"金"和"空"字的对比，体现出李白邀朋友纵情豪饮的强烈情绪。而英文中的 moon、cup、empty，无论怎么排列组合，都无法还原出这样的情绪，这不能不说是一种遗憾。

正如另一位网友所言："什么莎士比亚、马尔克斯……谁能写出《将进酒》? 谁写得出'黄河之水天上来'?"话虽没错，但我一直认为世界上的每一种文化都有自己独特的美，莎士比亚的"四大悲剧"、马尔克斯的《百年孤独》，也是别的文化土壤孕育不出的传世之作。翻译的确是一门遗憾的艺术，语言是文化的载体，文化不同，怎能苛求翻译百分之百对等? 但这并不妨碍翻译工作者的伟大，无论是许渊冲还是贾佩琳，以及千千万万的翻译工作者，他们戴着镣铐跳舞，他们在夹缝中求得平衡，尽可能让不同文化背景的读者去感受别的文化。

我不禁想起四川外国语大学广场上的一座石碑，上面刻着一行字：高塔巴别未建成，人间从此需象胥。"巴别"指的是圣经里的巴别塔，"象胥"指古代接待四方使者的官员，也就是翻译人员。"高塔巴别未建成，人间从此需象胥"就是在说，巴别塔计划失败了，人类说着不同的语言，所以人间需要翻译人员来帮助沟通和了解彼此。

她在海岸卖贝壳

学英语的人，大概都知道这个绕口令吧？"She sells seashells by the seashore.（她在海岸卖贝壳）"。

但你知道吗，这个绕口令背后竟然藏着一个悲伤的故事。有一部电影正是讲述了这个故事——由凯特·温斯莱特主演的《菊石》（*Ammonite*）。ammonite 是一个考古学术语，意为"菊石"，是一种远古时期生活在海洋中的软体动物。

在英吉利海峡边的小镇莱姆里吉斯，有一个小女孩叫玛丽·安宁。1811 年，11 岁的她在海边的悬崖上发现了一个化石——鱼龙化石（ichthyosaur）。

在那个时代，由于受到宗教的影响，科学界认为地球只有数千年历史，而且生物是不会灭绝的。但年仅 11 岁的小玛丽的发现，显然会撼动这些观点。

十年后，21 岁的玛丽又挖出了人类历史上第一个蛇颈龙的化石（plesiosaur）。

五年后，26 岁的玛丽又发现了一具翼龙化石（pterosaur）。

这三次撼动学术界的重大发现，并没有让玛丽一举成名，因为当时的学术界根本无法容忍如此重大的发现竟然由一位女性来提出。于是，她被一个别有用心的男性科学家给冒名顶替了。

玛丽·安宁终其一生也没有得到与她的成就所匹配的物质嘉奖，贫困潦倒的她只能靠着卖化石来维持生计。一位女性的伟大成就就这样被淹没在历史之中，只有一个流行的绕口令在诉说着她卖化石的故事，相信当你再去看这句绕口令的时候，会有种不一样的感觉。

直到玛丽·安宁死后，人们才为她正名，并且开始怀念她对科学的贡献。伦敦自然博物馆里陈列着玛丽发掘的许多化石。2020 年，英国古生物协会开始颁发"玛丽·安宁奖"，用来表彰对古生物学有卓越贡献的人，以此纪念玛丽·安宁的杰出成就。

希望大家在用"She sells seashells by the seashore."来练习英语发音的时候，还能知道背后这个令人唏嘘的故事，也借由本文，向那些改变了世界却又默默无闻的伟大女性致敬。

面朝大海
春暖花开

4

Facing the
sea with spring
blossoms

如果成为不了诗人，那就活成一首诗吧

有位读者给我分享了一个句子："If you cannot be a poet, be the poem." 说实话，我第一眼看到这个句子就被震撼到了。句子的意思不难理解，但内涵很深。

有句话叫"高端的食材，往往只需要采用最朴素的烹饪方式"，同理，高级的句子只需要用最简单的词句来打造。这句英文的字面意思是"如果你不能成为诗人，那就成为一首诗"，我相信谁都翻译得出，但想把句子蕴含的美感和内涵翻译出来，还是挺难的。

句子的重点是这两个单词：poet（诗人）和 poem（诗）。诗人是创造者，他们通过作诗，也就是创造美好的作品，给生活赋予意义。而诗人不是人人都能当的，但你可以通过自己的行动成为意义的化身。换言之，当不了诗人没关系，你仍然可以把自己活成一首诗。

在繁忙都市的街道上，外卖小哥风雨无阻、日夜穿梭，每一份送达的餐食都是关于责任和承诺的诗歌。

在偏远的乡村教室里，乡村教师用知识和爱心照亮孩子们的未来，激励着孩子们走向更广阔的天地，他们的教诲是希望的颂歌。

一栋栋高楼大厦的背后，是建筑工人汗水和坚韧的见证，他们用双手筑起了现代文明的赞歌。

这些生活里的平凡角色，他们可能不善言辞，更不懂创作，但他们用自己的实际行动，演绎了一首首诗篇。说到这里，你是否理解"If you cannot be the poet, be the poem."这句话了呢？

前不久，我在社交媒体上搞了一个翻译征集，让网友们翻译"If you cannot be the poet, be the poem."。我们来看几个网友的精彩翻译。

1. 不作诗，则做诗。

"作"和"做"的谐音挺妙。

2. 不执墨宝，便化丹青。

墨宝指代创作工具，丹青指代作品，这句翻译的意思是"你搞不了创作，就化身为作品本身吧"。

3. 纵无墨客才八斗，甘作落墨香百年。

不知道这位网友的英文水平如何，反正中文水平很高。

最让我惊艳的是这个翻译："做不了李白，就活成明月。"李白是诗人的代表，而李白作品中最常出现的意象就是明月，诸如"举头望明月，低头思故乡""举杯邀明月，对影成三人""俱怀逸兴壮思飞，欲上青天揽明月"。

所以，用具体的"李白"和"明月"去翻译原文中抽象的poet 和 poem，非常有画面感，让中国读者感觉亲切，也能瞬间捕捉到原句的精髓。而且，"做不了李白，就活成明月"这句翻译不卖弄辞藻，仅凭简单的词句便打造了一个高级的意境，符合原文风格。

让"If you cannot be the poet, be the poem."成为我们所有人的座右铭吧。我们可能没有诸葛亮、李白、陶渊明和屈原的才情，但我们可以有诸葛亮"非淡泊无以明志，非宁静无以致远"的旷达心境，可以有李白"仰天大笑出门去，我辈岂是蓬蒿人"的飘逸洒脱，可以有陶渊明"采菊东篱下，悠然见南山"的悠然自得，也可以有屈原"路漫漫其修远兮，吾将上下而求索"的执着追求。

我们完全可以用自己的行动和存在，去诗意地生活。

过去的已经过去，该来的也总会来

有读者让我讲讲这两句话，"Let the past be past. What will be will be."。其实前一句挺容易理解，past 作名词，表示"过去"，所以"Let the past be past."的字面含义就是"让过去成为过去"；后一句可能有点烧脑，我们在中间加个逗号断下句，意思就比较清楚了，"What will be, will be."，表示"将来会发生的事情，也必然会发生"，说得通俗一点，就是"该来的总会来"。

"What Will be, Will be（Que Sera, Sera）"是美国 20 世纪 50 年代的电影《擒凶记》的主题曲，曾入围奥斯卡最佳原创歌曲奖。这首歌的歌名翻译为《顺其自然》，"What will be, will be"翻译成西班牙语，就是"Que Sera, Sera"。

前不久，我也在社交媒体上号召大家一起来翻译"Let the past be past. What will be will be."，在这里我为大家分享一下点赞排名前六的翻译。（提示：虽然这六条翻译获赞较高，但含义未必准确，其中只有两条是准确的，大家可以自行判断一下。）

第 6 名：往事暗沉不可追，来日之路光明灿烂。

这是《甄嬛传》中甄嬛成为熹妃的时候说的话，在这之后，甄嬛变得更成熟、睿智和谨慎了。

第 5 名：将过往留给过去，把未来交给将来。

这个翻译的结构很棒，有点"恺撒的归恺撒，上帝的归上帝"的感觉，同时也确实翻出了"顺其自然"的精髓。

第 4 名：爱咋咋地。

这个翻译特别接地气，原句的内涵也确实是这么回事。

第 3 名：往者不可谏，来者犹可追。

这位同学的文学水平很高，这句话出自《论语》，意思是过去的不能挽回，未来的还是能赶得上的，要努力争取。陶渊明在《归去来兮辞》中也用到了这个典故。

第 2 名：让帕斯特当帕斯特，威尔将会是什么。

我只能说，这位网友你是不是来捣乱的？

第 1 名：东隅已逝，桑榆非晚。

这句话出自王勃的《滕王阁序》，表示早年的时光虽然已经逝去，但珍惜将来的岁月还为时不晚。

别问为什么幸福不在你身边，其实你一直在被幸福包围着

威尔·史密斯拍过很多部好电影，其中我最喜欢的是《当幸福来敲门》(*The Pursuit of Happyness*)，你看过这部电影吗？

穷困潦倒的推销员克里斯被妻子抛弃，跟五岁的儿子相依为命。他看尽白眼，与儿子躲在地铁站的公共厕所里，住在教堂的收容所里，他坚信，幸福明天就会来临。正是这份信念让他最终成为一名金融投资家。

这是一个典型的逆袭励志故事，父子亲情元素再加上威尔·史密斯教科书式的演绎，让该片大获成功，成为好莱坞经典。

片中这句名言广为流传：

You got a dream, you gotta protect it.（如果你有梦想，就应该守护它。）

除了剧情，最为人津津乐道的还有本片的英文片名中为什么

用 Happyness，而不是 Happiness。

我们都知道，正确的拼写是 happiness，其实，片名中的 happyness 是故意拼错的。

先说结论：一是为了呼应片中的桥段；二是蕴含哲理。

电影里第一次出现拼错的 happyness 的桥段，是主角克里斯在儿子幼儿园外墙上看到了 happyness 的涂鸦，便向在旁边扫地的大爷指出了这个问题：

We talked about this. It's an I in "happiness". There's no Y in "happiness". This is an I.

其实这是导演埋下的重要伏笔——借由 happiness 的拼写问题，来探讨幸福的真谛。

看完本片，你会发现他当时随口说的这句"There's no Y in 'happiness'. This is an I."竟然充满哲理。

因为 Y 跟 why（为什么）同音，字母 I 可以表示"我"，所以这句话也可以理解为"别问为什么幸福不在你身边，其实你一直被幸福包围着"。

这也呼应了本片的主旨：其实我们根本不用去追求幸福，因为幸福一直在我们身边。

所以，英文片名中的单词故意拼错，就是想提醒大家，"There's no Y in happiness. This is an I.（别问为什么幸福不在你身边，其实你一直被幸福包围着）"。

而中文名则直接点出了本片的主旨——与其主动去求幸福，不如默默等待幸福来敲门。

这让我想到了禅宗大师青原行思提出的人生三重境界，这也是佛家在参禅的时候，必然经历的三个过程。

　　看山是山，看水是水。

　　看山不是山，看水不是水。

　　看山还是山，看水还是水。

　　我们就拿这个英文片名来理解这三重境界。

　　当你没看影片时，一定会单纯地认为这个单词拼错了，看山是山，看水是水，拼错就是拼错。

　　当你看影片时，会慢慢意识到 happyness 这个错拼的单词里面的玄机，这时候看山不是山，看水不是水了。

　　当你看完影片，明白了导演的苦心，再思考片名 *The Pursuit of Happyness* 的时候，你的心态和当初第一次看到片名时的心态就完全不同了。虽然这还是一个拼写错误，但你已经完全接纳了它，并理解了蕴含的哲理，即"不用刻意追求幸福，其实幸福一直在你身边"。此时，看山还是山，看水还是水了。

假如生活欺骗了你

跟大家分享一首跟欺骗有关的诗歌，题目叫作《假如生活欺骗了你》(*If by life you were deceived*)，作者是俄国著名诗人普希金。

If by life you were deceived,

假如生活欺骗了你，

Don't be dismal, don't be wild!

不要悲伤，不要心急！

In the day of grief, be mild.

忧郁的日子里需要镇静。

Merry days will come, believe!

相信吧，快乐的日子将会来临！

Heart is living in tomorrow;

心儿永远向往着未来；

Present is dejected here.

现在却常是忧郁。

In a moment, passes sorrow;

一切都是瞬息，一切都将会过去；

That which passes will be dear.

而那过去了的，就会成为亲切的怀恋。

该诗是普希金被流放时期所作，那是一段极为孤独的生活。当时，俄国革命如火如荼地进行着，充满一腔革命热情的普希金却被迫与世隔绝。在这样的处境下，他并没有丧失希望，反而更执着于理想，相信光明必来，正义必胜。

我们来逐一整理一下这首诗中的语言点。

1. If by life you were deceived

（1）deceive 是"欺骗"的意思。

（2）were 的使用，说明这个条件句是对于现在情况的虚拟。

（3）by life 一般置于句尾，原序为 If you were deceived by life，by life 提前是为了使最后的 deceived 和后面句子的 wild 押韵。

2. Don't be dismal, don't be wild

（1）dismal 是形容词，表示"忧郁的、沮丧的"。

（2）wild 是形容词，表示"令人抓狂的"。

3. In the day of grief, be mild

（1）of grief 的 of 结构在这里表示属性，grief 意为"悲伤"，

in the day of grief 表示"在悲伤的日子里"。

（2）be mild 是个祈使句，意思为"请变得温和、坚韧一点"；mild 跟上句的 wild 押韵。

4. Merry days will come, believe

（1）merry 表示"快乐的"。

（2）will 表示"必定、注定"，体现了诗人的信心。

5. Heart is living in tomorrow

这句话的意思是"心住在明天"，象征着诗人对美好未来的向往和憧憬。

6. Present is dejected here

（1）present 作名词，"当下、现在"；dejected 作形容词，"沮丧的"。

（2）这一句话和上一句形成了鲜明对比，表达了理想很美好、现实很糟糕的情感。

7. In a moment, passes sorrow

（1）in a moment 是介词短语，表示"很快、一瞬间"；pass 是不及物动词，表示"过去"；sorrow 是名词，表示"悲伤、忧伤"。

（2）这句话的原序是"Sorrow passes in a moment.（悲伤很快就会过去）"。

8. That which passes will be dear

（1）which passes 是定语从句，先行词为 that，表示"过去了的那些事"，相当于 what passes。

（2）dear 作形容词，"珍贵的、宝贵的"。

（3）这一句抒发了作者的正能量，虽然当下很令人沮丧，但当下成往昔之时，那些过去的事，无论好坏，都将成为人生路上的宝贵财富，成为自己成功的足迹和见证。

解读完这首诗，我突然想到了网上的一个段子：

就算是 believe，中间也藏了一个 lie。

就算是 friend，还是免不了 end。

就算是 lover，还可能会 over。

就算是 wife，心里也夹杂着 if。

欣慰的是，

即便是 forget，也曾经 get。

就算 impossible，但还藏着 possible。

如果现在 unhappy，谁又保证不会 happy?

坦然面对悲欢得失，才能无悔人生。

傻不傻，不要看外表，要看行动

"Stupid is as stupid does." 出自 1995 年汤姆·汉克斯主演的经典电影《阿甘正传》（*Forrest Gump*）。片中的 Forrest Gump（阿甘）是一个智商只有 75 的小伙子，但他在成长过程中获得了常人难以企及的一个又一个成功，他是橄榄球明星、乒乓球高手，还找到了真爱、靠捕虾一夜暴富、横穿美国。而帮助他成功的，就是 "Stupid is as stupid does." 这句话。

这句话是阿甘的妈妈从小教育他时说的，在他的大脑中留下了一道深深的印象，成为他的人生信条。每次有人说他傻，他就会认真地用这句话回复，我在电影中找了找，有三处。

Jenny: Are you stupid or something?

Forrest: Mama says, "Stupid is as stupid does".

Mrs. Blue: Are you crazy or just plain stupid?

Forrest: Stupid is as stupid does, Mrs. Blue.

Old shrimp boat owner: Tell me something. Are you stupid or something?

Forrest: Stupid is as stupid does, sir.

其实，将这句话翻译为"傻人有傻福""傻人干傻事"不太准确。下面我们分析一下这句话。句中的两个 stupid 都作名词，但有区别：第一个表示"傻"，第二个表示"傻人"。最难理解的就是 as，as 的用法很灵活，我认为这里是连词，意为"如同、像……一样"，比如，"Do as Romans do."。中间的 is 表示前后相等的关系。所以全句含义为"傻，如同傻人做的事"。换句话说，就是"一个人的傻是由其行为所决定的"。

我在网上搜索了一下，美国南部地区有这样两句谚语：

Handsome is as handsome does.（一个人的帅是由其行为决定的。）

Beauty is as beauty does.（一个人的美是由其行为决定的。）

所以，"Stupid is as stupid does."可能是《阿甘正传》的编剧根据这两句美国南方谚语仿写改编的。

三句话联系起来看，我们就能得出一个结论：

一个人帅不帅、美不美、傻不傻，不是看外表就能看出来的，而是通过他干的事情看出来的。阿甘成为橄榄球明星、乒乓球高手、渔业大亨，还获得了真爱、横穿美国……他做到了这一系列事，你还能说他傻吗？

阿甘看着傻憨憨的，但实际上一点都不傻，当别人嫌弃他傻，这句话自然成了最好的回应。"傻不傻，不要看外表，要看行动"，我觉得这才是这句话最好的翻译。

听完我分析，你是不是瞬间觉得《阿甘正传》不是励志片，而是一部亲子教育片了？母亲的一句话，彻底改变了一个低智儿童的人生。

为一个前所未有的夏天

我在某社交平台上看见这样一句话，"For a summer that summers like summer has never summered before."。

这句话还是有点难理解的，难点在于 summer 的不同词性以及从句的"套娃"结构，下面听我好好给你分析一下。

summer 可以做名词，表示"夏天"；也可以做动词，表示"过夏天"，即 to spend the summer。例如，"Emperors of the Qing Dynasty usually summered in Chengde.（清朝皇帝通常在承德避暑）"。

不过，原句中作为动词的 summer 的主体并不是人，而是 summer（夏天）本身，所以作动词的 summer 就不是"过夏天"的意思了，到底什么意思呢，咱们一会儿再讲。我上网搜了一下，有一个类似的句子更好理解："I'm gonna summer this summer like I've never summered before!"

因为句中有主体 I（我），所以意思也更好理解了，"我将过这个夏天，就像我以前从未过过夏天"，强调要尽情去享受这个夏天。其实，"do sth. like sb. has never done before."是口语中的常见句型，表示"就像从未做过某事那样去做某事"，强调一种极致感。比如，你爸妈带你去一家高档自助餐餐厅，你会说："我要像从未吃过饭那样去吃！（I'm gonna eat like I've never eaten before!）"

这个句型类似中文里的使出浑身解数（去做某事），使出吃奶的劲儿、往死里（做某事），展现出一种极致感。这让我还想到经典美剧《老友记》中莫妮卡对乔伊说的话："You go down there and you suck up to him, I mean, you suck like you've never sucked before!"不要误解这里的suck，suck up to sb.表示"拍某人马屁"，后面的you suck like you never suck before里的suck是suck up to him的省略形式，表示"要使出浑身解数去拍他马屁、要往死里拍他的马屁"。

回到原句，我们给这四个summer分别标号，并划分句子层次：

"For a ① summer [that ② summers <like ③ summer has never ④ summered before>（状语从句）]（定语从句）。"

这里的关键在于作为动词的summer到底什么意思。前面说过，如果主体是人，那么summer做动词时表示"过夏天"；如果主体是夏天，这个summer解释为"像夏天"更合理，注意，这不是常规用法，是作者玩的一个文字游戏。中文里也有这样的文字游戏，比如，有首歌叫《他夏了夏天》，这里的"夏了"就是一个动词用法。

回到 "For a summer that summers like summer has never summered before." 一句。

可以发现主句 For a summer 并不是一个完整的句子，只是一个介词短语，表示"为一个夏天"，那么为一个怎样的夏天呢？作者后面加了一个定语从句来修饰，"that summers like summer has never summered before"，也就是说，（这个夏天）像夏天就像以前的夏天从不像夏天一样，整句话可以翻译为"为一个前所未有的夏天"。

如水一般流淌

最近，我在网上看了功夫巨星李小龙 1971 年的全英文访谈，看完十分震撼。

这是李小龙生前最著名的一段采访，没有之一。

李小龙的英语驾驭能力以及他的思维，和他的功夫一样，行云流水，滴水不漏，让资深主持人都相形见绌。访谈期间，主持人问了他一个非常难回答的问题：

You still think of yourself as Chinese or you ever think of yourself as North American?（你认为你是中国人还是美国人？）

如果这个问题问的是普通人，那是很好回答的，但对于李小龙这样一个身份独特的人，如何回答非常考验他的智慧。在看他的回答之前，我们先简单了解一下李小龙的生平。

李小龙出生于美国旧金山，年少时期在香港九龙生活读书，并拜叶问为师学习咏春拳，后来赴美修戏剧，并涉足影坛，成为一代功夫巨星。

根据美国法律，一个人若出生于美国国土之上，就自动获得美国国籍，所以从国籍来说，李小龙是美国人。

但他的电影无不在推广中国功夫、弘扬中国精神，他的名字甚至成为中国武术的象征。从这个意义上来讲，他是中国人。

所以主持人的问题"你认为你是中国人还是美国人"真的非常刁钻，试图把李小龙身上的这种文化多元性硬生生劈开。但是李小龙不愧是李小龙，用太极一般四两拨千斤的语言，挡住了主持人锐利的刀锋。

李小龙回答道：

You know what I want to think of myself? As a human being. Because, I mean I don't wanna sounds like you know 'as Confucius say', but under the sky, under the heaven, there is but one family. It just so happens, man, that people are different. （你知道我是怎么想的吗？我把自己当作一个人。我不想像孔子那样说话，但在同一片天空下，我们真的都是一家人，而且每个个体又是不同的。）

俗话说唇枪舌剑，语言也可以像兵刃般充满威力。

李小龙的这番话，不直接回答自己是中国人还是美国人，而是把自己拔高到更高维度，让对方进入自己的宏大叙事设定中，以凸显对方格局之小。

当主持人还在纠结一个人属于美国还是中国时，李小龙已经"跳出三界外，不在五行中"，思考的是同一片蓝天下的全人类了。

这番话虽然听着柔和，但这种智商和格局上的羞辱，如同扇了主持人三个大嘴巴子。

另外，在采访中，这一段是李小龙这辈子说得最精彩的话，也是我非常喜爱的一段话：

I said empty your mind, be formless, shapeless, like water.

我说，清空你的大脑，变得无形，就像水一样。

Now you put water into a cup it becomes the cup;

你把水倒进杯子，它就变成杯子的形状；

you put water into a bottle it becomes the bottle;

你把水倒进瓶子，它就变成瓶子的形状；

you put it into a teapot it becomes the teapot.

你把水倒进茶壶里，它就变成茶壶的形状。

Now water can flow, or it can crash.

水能流淌，亦能撞击。

Be water, my friend.

像水一样，我的朋友。

这段话值得背下来！可以说这是对中国文化极其精髓的阐述。中国有句古话，"上善若水"，水看似温柔，却蕴含着巨大的能量，而李小龙无疑把这样的理念融入了自己的功夫、语言、电影以及为人之中，让世界重新审视中国力量。可惜的是，采访的两年后（1973 年），这么一位语言、功夫，甚至是哲学大师竟离奇死亡，时年 32 岁。

我一直强调，生命的质量不在长度，而在深度。李小龙用他短暂的一生，给后世留下了巨大的精神财富，就像黑暗中划亮的火柴，虽然只有一刹那，但足以照亮周围。

初心为始，正觉为终

在中国共产党成立 100 周年之际，"不忘初心"一词刷屏了。有读者问我该怎么翻译，下面我就跟大家聊聊"不忘初心"该如何翻译。

根据我查到的资料，"不忘初心"一词，目前已知最早出现在唐代白居易《画弥勒上生帧记》："所以表不忘初心，而必果本愿也。"意思是说时时不忘记最初的发心，最终一定能实现本来的愿望。

初心，又称"出发心"，这个词来自《华严经》。

初心是菩萨修行的开始，觉悟成佛是菩萨修行的结果，唐代澄观法师撰写的《华严经疏钞》解释说："初心为始，正觉为终。"

初心和修成正果是密不可分的，从最初的发心到最终的成佛，此心一直不变。"不忘初心，方得始终"的说法即从此演化而来。

根据初心最原始的含义，可以将"不忘初心，方得始终"翻译为 "The very beginning mind itself is the most accomplished mind of true enlightenment."。

The very beginning mind 指的是"最初的那个想法",即初心。the most accomplished mind 指的是"最终的那个想法"。什么想法呢？请看后面的 of 结构 of true enlightenment，表示"真正的顿悟"。那什么是"最初的想法即最终的顿悟"呢？其实就是"不忘初心，方得始终"的意思。这一系列环环相扣的逻辑，你理解了吗？

其实，当我看到"不忘初心"四个字的时候，我的第一反应不是《华严经》，而是乔布斯的那句名言："Stay hungry. Stay Foolish."

这句经常被引用的名言，出自乔布斯在斯坦福大学的演讲，大家可以去视频网站重温一下，非常励志、感人。

"Stay hungry. Stay Foolish."的字面意思是"保持饥饿，保持愚钝"，翻译得好听一点，就是"求知若渴，虚心若愚"。

乔布斯倒不是号召我们装疯卖傻，而是让我们保持初心不变。也就是不管如何成功，一定要保持刚刚出发时的那种状态——一种对求知的渴望，一种谦卑的心态。从这个意义上讲，这跟不忘初心的精神内涵是一致的。

下面讲讲我对不忘初心的第三种理解，也是第三种译法。

我的理解来自孙俪主演的电视剧《那年花开月正圆》。大家看《那年花开月正圆》这部剧的片名英译：*Nothing Gold can Stay*。看得出译者很有文化。

这句话出自美国著名诗人罗伯特·弗罗斯特的诗 *Nothing*

Gold Can Stay：

Nature's first green is gold,

大自然的第一抹绿珍贵无比，

Her hardest hue to hold.

她的这一抹绿最难持久。

Her early leaf's a flower;

她的叶子开始是鲜花；

But only so an hour.

可惜稍纵即逝。

Then leaf subsides to leaf.

片片叶子先后凋零。

So Eden sank to grief,

伊甸园不禁悲伤不已，

So dawn goes down to day.

拂晓过后是白昼。

Nothing gold can stay.

一切都是昙花一现。

这首诗歌想表达的意思是，一切美好的事物最后都会消失（all good things will come to an end）。

而这也恰恰是《那年花开月正圆》想表达的要义：过去的时光或许很美好，但我们更应把握现在，因为每一个当下的时刻都将成为今后的回忆，不留遗憾才是对这一生最好的交代。

如果说 nothing gold can stay 是"一切都是昙花一现"，即"在时光的冲刷之下，什么都留不下"。

那么反过来说，stay gold 指的就是"唯有金子，不畏时间，不畏火炼，总能保持最初的那份纯度"。

所以，stay gold 这个短语，告诫我们要像金子一样，无论环境怎样变，都要不忘初心。

我们用 stay gold 来造个句，"Stay gold, stay true to yourself, to your friends, and never let it go.（保持初心，保持对自我以及对朋友的那份真诚）"。

你希望别人怎么对待你，你就要怎么对待别人

有人把 "Do to others as you would have them do to you." 这句话翻译为 "己所不欲，勿施于人"。你觉得两句话的含义一样吗？

这句英文出自《圣经·新约》，是耶稣说的话；中文出自《论语》，是孔夫子说的话。光看字面意思，两句话的含义也是有所偏差的。

"Do to others as you would have them do to you." 前半句的 Do to others 是祈使句，意思是 "对待他人"；后半句是 as 引导的方式状语从句，as you would have them do to you 意为 "正如你希望他们对待你一样"。换言之，你希望别人怎么对待你，你就要怎么对待别人。

再看孔子的这句话，"己所不欲，勿施于人" 的意思是 "自己不想做的，也别强加给对方"。这句英文和中文乍一看好像是一个

340

意思的正说和反说，但还是有本质差别的。

孔子的"己所不欲，勿施于人"是考虑他人的感受，约束自己不要伤害他人，出发点和落脚点在他人；而耶稣的"Do to others as you would have them do to you."是从自己出发，为求得到同样的回报而善待他人，出发点和落脚点在自己。

其实，这也反映出中西文化核心价值观的分歧。

耶稣的"Do to others as you would have them do to you."被西方人奉为道德金律（golden rule）。既然有金律，就有银律（silver rule），"Do not do to others as you would not have them do to you.（不要对别人做你不希望他们对你做的事情）"。

你会发现，这不就是孔夫子的"己所不欲，勿施于人"吗？这条道德银律是不是源于孔子不得而知，但的确和孔子提出的"己所不欲，勿施于人"惊人地相似。

西方人之所以把这条规则当作银律，次于金律，是因为他们觉得"己所不欲，勿施于人"比较消极，只强调了不要伤害别人，不像金律那样积极主动。但毕竟是银律，也有其重要作用，如果说金律是激发人的善，那么银律就是约束人的恶，或者说，银律规定了道德的底线，而金律是道德底线的升华。

因此，西方人认为实践金律的难度更大一些。也就是说，不施害于人比施惠于人容易一些。

了解了这些思维背景，我们再来看"Do to others as you would have them do to you."。很明显这是西方的道德金律，而孔子的"己所不欲，勿施于人"是西方道德银律，用银律翻译金律，是不是不太合适？

所以这句英文不如直译："你希望别人怎么对待你，就要怎么对待别人。"

最后补充一点：因为孔子对西方早期哲学思想的形成也有影响，所以一直也受到西方人景仰。

美国最高法院的门楣上有三座雕像，中间的是领受上帝戒律的摩西，右边是古希腊立法先贤梭伦，左侧的则是孔子。无疑，西方人把孔子的地位摆得很高。

当然，把"己所不欲，勿施于人"作为道德银律，也只是西方人的视角，在我看来，这句话的境界很高，与意识形态无关，是不折不扣的普世价值观，也希望在这句话的指引下，世界能少一些纷争，多一些和平。

您可以自己完成，我们也乐意效劳

最近看见一句中英文标语，英文是"You can do it yourself, but you don't have to."，中文是"您可以自己完成，我们也乐意效劳"。

这两句话充分体现了中西方文化巨大的思维差异，大家能体会出来吗？

从这两句话里，我首先感受到的是两种文化的思维差异——个体主义（individualism）和集体主义（collectivism）的差异。

个体主义与集体主义

先来看英文 "You can do it yourself, but you don't have to."，首先说一下 do it yourself 和 do it by yourself 的区别，其实字面意思没太大差别，都是"自己动手"，但前者已经变成一个固定表达（就是我们熟悉的 DIY 的全称），后者更强调完全靠自己一个人完成。

"You can do it yourself, but you don't have to." 这句话处处透着个体主义思维。这句话用了两个 you，都是以"你"作为核心，体现了西方文化中强调个体能力的特征。

再来看中文翻译：您可以自己完成，我们也乐意效劳。

你是不是立马感受到一种集体的温暖？"您可以自己完成，我们也乐意效劳"正体现了这种服务意识，强调集体为个体提供的服务和帮助。也正是因为这种个体主义和集体主义的差异，导致了沟通方式的不同。在集体主义文化中，通常使用间接、含蓄的沟通方式，以维护社交和谐。所以，你会觉得"您可以自己完成，我们也乐意效劳"显得非常有礼貌，感觉自己备受尊重。

相比之下，个体主义文化更倾向于直接和明确的沟通方式，以凸显个人的需求和边界感，所以你会觉得 "You can do it yourself, but you don't have to." 生硬但霸气。

做翻译，除了要翻译出字面意思，更要考虑到文化差异，如果把 "You can do it yourself, but you don't have to." 直译为"您可以自己完成，但您没必要自己完成"固然可以，但会给人一种外来感，如果将后半句调整为"我们也乐意效劳"，听起来就舒服多了，因为这是贴近中国文化的表达。

　　我想，百年前的翻译大师严复提出的翻译标准——信、达、雅中的"雅"字，精髓就在这文化上。

我很能吃苦，并成功做到了前四个字

一位读者喝了杯酸奶，看到了盖子上的英文，便拍照分享给我。这句英文确实写得挺妙，不过看到下面的中文翻译后，我更加佩服写这个文案的人了，"I've been working hard to sample various delicious food.（我很能吃苦，并成功做到了前四个字）"。

先为大家解读一下这句英文。首先，这个句型真的很不错，希望大家记住，"I've been working hard to do sth." 表示"我一直很努力地做某事"。其中，现在完成进行时表达动作的持续，work hard to do sth. 表示"努力做某事"。

其次，sample 在这里作动词。sample 更多用作名词，表示"样品，样本"；作动词时表示"尝试"，相当于 try。为了让你产生更深刻的印象，我在这里附上《牛津词典》里对 sample 作动词时的释义，第一层含义是 to try a small amount of a particular food to see what it is like（尝尝某种食物的味道怎么样）；第二层

346

含义是一种引申义，to experience something for a short time to see what it is like（短暂地体验某件事情）。词典中有个例句也值得学习，"I sampled the delights of Greek cooking for the first time.（我第一次尝到了做希腊菜的快乐）"。

再回到酸奶盖上的这句话。"I've been working hard to sample various delicious food."直译为"我一直很努力地去尝试各种美食"。various 作形容词，表示"各种各样的"。

"我很能吃苦，并成功做到了前四个字。"这句中文翻译着实让我"脑洞大开"，造个句子，可以说"This translation really blows me away."。

前四个字就是"我很能吃"，完美地表达出了英文原句"我很努力地尝试各种美食"想表达的那种"吃货"风采，妙哉妙哉！

后来，那位向我提供素材的读者在我的怂恿下又买了两瓶酸奶，果然发现了新的句子。我们来赏析一下。

1. Foodies are very talented.（识食物者为俊杰。）

2. Food always makes me happy.（我吃吃地笑了。）

这两句翻译也堪称经典。先来看第一句，字面含义为"吃货是非常有才能的"。foodies 这个词是"吃货，美食家"的意思；talented 作形容词，表示"有天资的、有才能的"。中文里有句古语，"识时务者为俊杰"，意思是能认清时代潮流的人，方可为英雄豪杰。这句文案的策划者巧妙地把"识时务者"改成"识食物者（了解食物的人）"，使得其含义转变成了"吃货"；are very talented 实际上也可以表示"俊杰"，着实妙哉。

347

再来看第二句。英文的字面含义是"食物总是让我很开心"，译者将之意译为"我吃吃地笑了"，"吃吃"发音同"痴痴"，一语双关，表达了一个"吃货"吃东西时的愉快心情。

既然提到"吃货"，我再教给大家几个关于"吃货"的英文表达。

如果实在想不到一个单词来指代"吃货"，那么不如直接翻译"吃货"本质的含义：喜爱美食的那些人，即 those who enjoy good food。

地道一点的单词是 foodie，这是一个偏口语化的词，《牛津词典》对其定义为 a person with a particular interest in food（对事物有特殊兴趣的人）。比如，"This new food court offers foodies a wider choice of food.（这个美食广场给'吃货'们提供了更广泛的食物选择）"。

再教大家一个词：gourmet，意为"美食家"，词典中的定义为"a person who knows a lot about good food and wines and who enjoys choosing, eating and drinking them（对美食、美酒非常了解，并乐于挑选、品尝的人）"。如果说 foodie 指一般意义上的爱吃之人，那么 gourmet 更多指以"吃"为职业的人。这些人善于品评食物，能提出专业独到的见解，并把美食推荐给"吃货"们。

最后再教大家一个词：epicure，这个词跟 gourmet 比较相似，词典中的定义为 a person who enjoys food and drink of high quality and knows a lot about it（喜欢高品质的食物和饮品，并对此十分精通的人）。补充一点，虽然 gourmet 和 epicure 指美食方面的专业人士，但在实际语境当中，也可以指爱吃的普通人，比如，"He is a real gourmet/epicure, who knows just everything about local delicacies.（他是一个真正的'吃货'，对当地的美食了如指掌）"。

怡然自得，无须将就

最近在网上看到了一句话，大家对这句话的讨论很热烈，但看了一下评论区，很多人对句子的理解是错的，属于典型的"单词都认识，连在一起就看不懂"。今天就带大家分析一下"You are too full of life to be half loved by someone."这个句子。

我查了一下 Goodreads 网站，这句话应该是网友对于尼日利亚作家苡若玛·恩梅彬忧的一句话的改编。苡若玛·恩梅彬忧被认为是撒哈拉以南非洲最好的现代诗人之一，原句来自她的作品《给阿达的问题》(*Questions for Ada*)。《给阿达的问题》是一本诗集，出版于 2015 年，是一部表达非洲女性经验和探索身份认同的重要作品。书中原句是这样的：

I am too full of life to be half-loved.

句子短了，就容易分析了。里面有三个语言点：

too...to...：太……以至于无法……

be full of：充满

be half-loved：被"半爱"，也就是"被别人给予一半的爱"

I am too full of life 字面的意思是"我充满人生"，也就是"我的人生十分充盈""我的人生非常富足、精彩"。

to be half-loved 就是"无法被'半爱'"，和前半句合在一起，就是"我的人生十分充盈，无须接受别人一半的爱"。

再润色一下文字：我的人生十分充盈，无法接受不充分或不真诚的爱。

这句话的内涵在于，我们作为完整的个体，需要一份完整的爱，那些可有可无、若即若离的关系，不要也罢。

了解了原文，我们再回到这个改编的句子，句意也就不难理解了。

"You are too full of life to be half loved by someone." 意为"你的人生本身就很充盈，无须接受别人一半的爱"。当然，这只是字面上的一种直译，要想译得妙，还需花费一番脑力。我在我的社交媒体上号召大家来翻译，关注我的同学水平很高，给出了很多精妙的翻译，我在这里列出几个高赞翻译，我们一起来看看。

1. 他不配。

言简意赅。

2. 你活得那么精彩，一个人过就挺好，别找个不好的对象拖累你。

这大白话，像极了闺蜜的劝告。

3. 完整的人生不稀罕零碎的爱情。

完整的人生对应 full of life，零碎的爱情对应 be half-loved，不稀罕翻译出了 "too...to..." 的否定意味，方方面面都挺到位。

4. 吃饱了撑的才会稀罕别人半斤八两的爱。

这个翻译有点意思，吃饱了撑的竟译出了 full of life 的神韵；把 be half-loved 翻译为 "半斤八两的爱"，既翻出了 "半爱"，又带着些许鄙视，很幽默。

5. 自有饺子一大锅，何须他人半瓶醋。

一大锅饺子和半瓶醋的比喻很接地气。

6. 怡然自得，无须将就。

我最喜欢的还是这个翻译，洒脱自然，优雅不俗。颇有一种看破红尘、我行我素的仙风道骨。

你喜欢这句英文吗？你会如何翻译这个句子呢？

我们尽全力让您满意，也请瞄准一些

　　为了保持卫生间的干净，清洁人员也是操碎了心，贴了各种动之以情、晓之以理的标识。最有名的还是这句：向前一小步，文明一大步。男士们对这句话应该很熟悉吧？有人问我这句话该如何翻译成英语。如果字对字直译会显得很中式英语。国内外文化不同，不可强行翻译。换个思路，参考一下国外厕所里的类似标语，问题就迎刃而解了。有读者曾给我分享了一张美国男厕里的标语照片，非常有趣，体现了美国文化："Please stand close. You are holding a pistol. Not a rifle.（请站得近一点，你端的是手枪，不是步枪）。"

　　因为美国枪支文化盛行，男性看到这样的标语会很有共鸣，因为手枪的射程确实不如步枪远。

　　还有一句标语也很幽默："Would you please stand closer, because your Big John is not as long as you think.（能不能请你站得近一些，因为你的 Big John 不像你想象的那么长）"

根据语境，你应该猜到 Big John 指代什么了。这是个英语俚语。虽然这句标语不如前面那一句那么隐晦，但还蛮幽默的。

其实，最令人叫绝的还是我几年前在北京首都机场看到的这条标语，"We aim to please, you aim too please."。

我当时的第一反应是：这是什么翻译！一开始我以为这又是机器翻译的"杰作"，后来我查了一下，才发现这竟是地道的英语说法。你是不是觉得"We aim to please, you aim too please."里的每个单词都认识，但放在一起就不知道是什么意思了？

活到老学到老，今天就跟着我学起来吧！

首先，我在一个名为 free dictionary 的词典网站上查到了 we aim to please 的用法。

We aim to please you 是个习语，意思等同于 We try hard to please you（我们尽全力让您满意）。aim to 是动词词组，意为"目的是"；please 在这里作及物动词，表示"使……满意"。

再看词典中这一习语下附带的例句，用法一目了然。

Mary: This meal is absolutely delicious!

玛丽：这顿饭好吃极了！

Waiter: We aim to please.

服务员：我们的目标就是让您满意。

所以，we aim to please 这句话是从清洁人员的角度说的，也就是"搞好卫生间清洁工作，让使用者满意"的意思。

至于后面那句 you aim too please，我们结合男厕场景理解一下。you 指代使用卫生间的人；aim 表示"瞄准"；too 是副词，表示"也"；最后的 please 是"请"的意思。

所以，you aim too please 是建议男人们"请瞄准"（潜台词：不要尿到外面）。

综上所述，这句话里有三个地方值得玩味。

1. 利用了 aim 的一词多义，制造了一个双关。第一句里的 aim to 是"目的是"，第二句里的 aim 表示"瞄准"。

2. 利用了 please 的一词多义，制造了第二个双关。第一句里的 please 是动词，"使……满意"；第二句里的 please 是"请"的意思。

3. 运用了 to 和 too 的同音，使得两句话的发音基本一致。

层层叠叠，
拈花一笑

5

Layer upon layer,
a smile upon
a flower

一只敏捷的棕毛狐狸跃过那只懒狗

20 世纪 60 年代，美苏关系恶化，两个超级大国的官方联系一度中断。1962 年的古巴导弹危机险些让整个世界都毁于核战争。为避免擦枪走火，1963 年，美、苏两国设立莫斯科—华盛顿热线（Moscow-Washington hotline），目的就是在紧急情况下保持快速联络。

你知道美国人用这条热线给苏联人发的第一条信息是什么吗？"THE QUICK BROWN FOX JUMPED OVER THE LAZY DOG's BACK 1234567890"。

收到这条信息时，苏联人蒙了，还以为美国人在自夸"快狐"超越了苏联这条"懒狗"。好在苏联人压住怒火，用热线及时找美国人沟通，避免了一场潜在的危机。

这句英文到底是什么意思？美国人为什么会发这句话？今天就让我们来聊聊。

事情还要从 1885 年说起，美国的一份报纸刊登了一篇文章，里面提到，英文写作老师最喜欢让学生抄写"A quick brown fox jumps over the lazy dog."这句话，字面意思是"一只敏捷的棕毛狐狸跃过那只懒狗"。

这句话的神奇之处在于，它在保证语句短小的同时，包含了全部 26 个英文字母，且句子有实际含义。后来人们为了让句子更合理，把开头的不定冠词 a 改为定冠词 the。19 世纪末，随着打字机的大量普及，"The quick brown fox jumps over the lazy dog."成为打字课上常用的练习句，一方面能让学员用最短的句子熟悉每个按键的位置，另一方面也可以测试一下每个按键的打字效果。另外，如果你是 Windows 系统的用户，就会发现这句话也出现在字体预览界面中。

这个句子在英文中被称作 pangram（全字母句），希腊词根 pan 表示"一切"，gram 来自希腊单词 gramma（字母），pangram 就是"全部字母"的意思。

当然，"The quick brown fox jumps over the lazy dog."并不是英文中唯一的全字母句。人们还创造出很多其他的全字母句。你会发现这些全字母句要么太长，要么没有逻辑。

"Sphinx of black quartz judge my vow.（黑石英做的斯芬克斯审判我的誓言）""The five boxing wizards jump quickly.（五个打拳的男巫快速跳动）"……甚至有人为了想出一个完美的全字母句（"26 个字母每个字母仅出现一次的句子"）绞尽脑汁，无所不用其极，找遍生僻词语、古英语、英语方言，终于组成了一个勉强能读通的句子——"Cwm fjord bank glyphs vext

358

quiz."。如果非得翻译出来，意思是"山谷峡湾岸边的石雕让怪人感到不安"。相比之下，"The quick brown fox jumps over the lazy dog."因为生动有趣、通俗易懂而深受英语母语人士喜爱，并且成了一个流行的文化"哏"。

最后，我们思考一下，汉语中存在全字母句吗?

汉语的文字系统和英语完全不同，英语是基于 26 个字母的语言，因此，可以构造出包含所有字母的句子。而汉语是一种基于汉字的语言，每个汉字都有其独特的含义和发音，而且汉字数量非常庞大，常用字就有数千个，别说一个句子，哪怕一篇很长的文章也无法包含所有汉字。不过，如果从另一个角度思考，组成一个汉字的最小单位其实是笔画，如果说某一个汉字能包含所有笔画，也算是某种意义的"全字母句"了。

说到这里，就不得不提"永"字了，练书法的人都会大量练习写"永"字，因为这一个字包含了汉字所有八种基本笔画，这种笔画练习方法被称为"永字八法"。下次，当你测试新的电脑键盘，或者测试新钢笔时，别忘了用一用"The quick brown fox jumps over the lazy dog."这个有百年历史的句子和"永字八法"。

以先见，见未来

　　我曾看见一个标语：以先见，见未来。英文翻译为"Great vision. Vision great"。这个英文翻译可以说比原文都妙。讲这句标语前，我先介绍一种特殊的语言现象。你有没有注意过英文中这些特殊的单词，它们"左右对称"，比如 eye（眼睛）、eve（前夜）、level（水平）、radar（雷达）、rotator（旋转体）。其实中文里也有这样的词，比如文言文、国中国、大哥大、多伦多、俄亥俄。

　　你还能举出什么例子？

　　克里斯托弗·诺兰导演的烧脑大片《信条》的英文名 *Tenet* 也属于左右对称词。tenet 本身就是一个正序、逆序皆是 tenet 的单词，跟正叙和逆叙的电影情节非常契合，但中文片名《信条》完全丢失了英文原名的精妙。

　　语言学家把这种现象称为"回文"，英文是 palindrome，来自希腊文 palin dromo，palin 表示 back again（再次），dromo

表示 run（跑），即 runing back again（再跑一遍）。最早的回文发现于从庞贝古城挖掘出的一块石碑上，《信条》的灵感也源于此。

回文不仅出现在单词上，还出现在句子中，比如，"Madam I'm Adam.（女士，我是亚当）"，大家从左到右，再从右到左念一下这个句子，是不是都一样？又如，"Was it a cat I saw?（我看见的是一只猫吗？）"，无论你是从左到右阅读，还是从右到左阅读，这句话都是 "Was it a cat I saw?"，这就是回文。

最著名的回文应该是拿破仑被流放到厄尔巴岛（Elba）时说过的一句话："Able was I ere I saw Elba."这句话正读、反读都是"Able was I ere I saw Elba.", able 表示"有能力的", ere 相当于 before。

这句话的字面意思是"我看见厄尔巴岛之前是有能力的", 言下之意, 我(拿破仑)曾经所向无敌, 现在却被流放到厄尔巴岛。我最佩服的翻译就是, 落败孤岛孤败落。不仅翻译出了意思, 也是回文: 从左往右、从右往左读都是一样的句子, 真正做到了信、达、雅、形的完美呈现, 佩服! 据说, 这句话的译者是翻译家马红军老师。

汉语也存在回文, 由于汉语是方块字, 单个的字不存在回文现象, 但是回文的句子数不胜数, 历代文人骚客都以这种文字游戏为乐。下面列举几个汉语回文句子。

上海自来水来自海上。

山东落花生花落东山。

山西运煤车煤运西山。

喜欢的少年是你, 你是年少的欢喜。

我为人人, 人人为我。

"我为人人, 人人为我"的英文是"one for all, all for one"。

"one for all, all for one"这样的句子也属于回文, 属于"以词为单位对称", 前面我举的例子都属于"轴对称回文"。以词为单位对称的回文不是那么严格的回文, 所以运用场景就更多了。

我们再回到开头的那个标语"Great vision. Vision great", 它就运用了"以词为单位对称"的回文修辞。第一句里的 great

是形容词，表示"伟大的"，后面的 vision 是名词，表示"远见"。第二句里的 vision 是动词，表示"看见，想象"，后面的 great 是名词，表示"伟大的事物"。所以，整句话的字面意思是"伟大的远见，看见伟大"。英文很好地翻译出了中文原文"以先见，见未来"的内涵，中英文都很妙。

安静的人拥有最响亮的思想

我给大家推荐一句英文名言，说得挺好的："Quiet people have the loudest minds."据说这句话出自已故天体物理学家斯蒂芬·霍金。句中有两个关键词，quiet 表示"安静的"；loudest 是形容词最高级，原形是 loud，表示"大声的、响亮的"。整句话的意思就是"安静的人拥有最响亮的思想"，大家可以想想怎么翻译更有味道。

这句话可以说是霍金一生的写照，霍金患有"渐冻症"，全身瘫痪，连声音也发不出，只能使用语音合成器来表达想法。但即便如此，霍金依然凭借顽强的意志和聪慧的大脑，在黑洞、宇宙大爆炸、量子力学等领域做出了巨大贡献。所以，"Quiet people have the loudest minds."用在霍金身上再合适不过了。

我们再回到句子本身，这句话之所以读着张力十足，是因为 quiet 和 loudest 两个单词的对比效果，修辞上叫对照（antithesis），其功能是通过将两个对立的概念并置，来体现一种深刻性。

类似的句子还有我们非常熟悉的、美国登月第一人尼尔·阿姆斯特朗的那句 "That's one small step for a man, one giant leap for mankind.（个人的一小步，人类的一大步）"。句中 small 和 giant 的对比给人们留下了深刻的印象，阿姆斯特朗之所以说这句话，是想请大家思考这样一个事实：一个普通的、小小的脚步——跟我们每天走的数千步并没有太大区别，但正因为这一步，让人类千百年来的登月愿望获得成功，因此这一小步代表着人类科技的巨大突破。

另一个对照的例子是查尔斯·狄更斯《双城记》开篇的第一句："It was the best of times, it was the worst of times, it was the age of wisdom, it was the age of foolishness.（这是最好的时代，这是最坏的时代；这是智慧的时代，这是愚蠢的时代)。"

再一个例子是马丁·路德·金在其著名演讲《我有一个梦想》中的那句振聋发聩的话，"Injustice anywhere is a threat to justice everywhere.（任何一个地方的不公平都是对所有地方的公平的一种威胁）"。这句话设置了两组对照——injustice（不公平）和 justice（公平），anywhere（任何一个地方）和 everywhere（所有地方）。这句话是在强调，只要一个地方出现不公平，应被视为对所有地方公平性的威胁，马丁·路德·金号召大家一起努力，不让任何一个地方出现不公平。

对照在中文里也是常用修辞手法，比如，杜甫著名的诗句"朱门酒肉臭，路有冻死骨"。还有叶挺在狱中写下的那句"为人进出的门紧锁着，为狗爬出的洞敞开着"。

一个错误不可能被另一个错误抵消

有人问我这个句子怎么翻译，"Two wrongs don't make a right."。这个句子其实运用了数学等式的英文表达，比如，1+1=2 的英文是 one and one makes two，因此"Two wrongs don't make a right."的意思就是"两错相加不等于正确"。

这里插入一个知识点。wrong 和 right 不都是形容词吗，表示"错的"和"对的"，这里怎么作名词了？其实词性是很灵活的，right 和 wrong 也有名词属性，表示"是"与"非"，比如，"He can't tell the difference between right and wrong.（他不能明辨是非）"。right 还可以作动词，表示"复正，纠正"，比如，right a wrong（纠正错误、平反昭雪）。

我们再回到这句话，"Two wrongs don't make a right."。"两错相加不会变成一个正确"是什么意思呢？其实这句话是对"Two wrongs make a right."的反击。

"Two wrongs make a right."是一种逻辑概念，主张一个错

366

误可以被另一个错误抵消或修正。举例如下：

小红说："你不能偷老板的钱，这是违法的！"

小明说："我的老板逃税，这也是违法的！"

小明的观点就属于"Two wrongs make a right."，他认为老板违法在先，所以偷老板的钱是合理的。很明显，小明在诡辩，老板违法和他偷老板的钱这两件事情毫不相干，都是错事，做两件错事不会让事情变成对的，老板和小明都应该受到谴责和处罚。所以，为了驳斥"Two wrongs make a right."这样一种逻辑谬论，"Two wrongs don't make a right."诞生了，它揭示了一个深刻的道理：一个错误不可能被另一个错误抵消。这句话也经常用在人际关系上，比如，有人对你做了错事，但你也绝不能对他做错事，因为他的错加上你的错，一定不会让这件事变好，只会越来越糟。

下面展示两个例句。

例句1：Although your friend had cheated you, you shouldn't have hit him. Two wrongs don't make a right.（虽然你的朋友欺骗了你，但是你也不该打他。他错你也错。）

例句2：I don't want anyone on our team getting in a fight on the field today, even if the other person has fouled you first. Two wrongs do not make a right.（今天在场上我不希望我们队里任何一个人打架，即便是对方先对你犯规。不要错上加错。）

相信听我解释完"Two wrongs do not make a right."，你一定对这个谚语产生了更深刻的理解。

心的方向

right 是右，left 是左，但 right 还表示"对的"，left 还表示"剩下的"。这就会产生很多基于 right 和 left 的双关，下面我们就来赏析几个经典案例。

1. Right is right, left is also right.

这是锤子手机发布会上曾经用过的一句文案。文案的本意是突出产品极致的对称性，左手、右手用户都能顺利使用。按字面意思理解，就是"右边是对的，左边也是对的"。换言之，惯用右手的人可以用，惯用左手的人也可以用。

这句话的官方翻译是"让你的左右，不被产品左右"。但我觉得这样翻译会更有感觉："不要让你的左右，左右你的左右。"

2. Men to the left, because women are always right!

这是美国一个公共厕所外面的指示牌，精妙之处在于最后的 right，既表示"右边"，也表示"正确的"。这句标语既表明厕所方位——男厕在左，女厕在右，还顺带着把女性夸了一番：

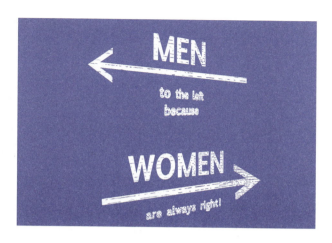

"Women are always right!（女性永远是对的！）"

3. You have two parts of brain, left and right. On the left side, nothing is right, and on the right side, there is nothing left.

这句段话骂人不带脏字，字面意思是"你的脑子有两个部分，左和右。在左边，没有什么是对的；在右边，什么都没剩下"。简

而言之，这段话就在骂对方"脑残"，但是骂得很烧脑，等你扬长而去时，对方可能还在思考句中的逻辑。

4. War does not determine who is right—only who is left.

这是英国哲学家罗素对战争的一句评价，字面意思是"战争无法决定谁是对的，只（决定）谁能留下来"。换言之，战争无关对错，"剩"者为王。罗素不愧为语言大师，用一个双关语就把战争成王败寇的野蛮本质刻画得淋漓尽致。

5. This left feels right.

这是美国摇滚乐队邦乔维一张专辑的名字。因为心脏在左侧，歌名中的 this left 指代"心"，feels right 表示"感觉对了"。怎么翻译才能抓住精髓？

我想到英文中有句名言，"Always listen to your heart because even though it's on your left side, it's always right.（要经常倾听你内心的声音，因为虽然它在左侧，但它永远是对的）"，left 和 right 双关，号召人们听从自己的内心，这应该就是 "This left feels right." 的内涵了。这张专辑的官方中文译名是《心的方向》，我觉得很不错。

最后，我给大家布置一个作业：翻译 "When nothing goes right, go left."。

这是一句英文谚语，意思是"当一切都不对的时候，往左边走"。right 的意思不是右边，而是正确的、对的，left 意为"左边"，go right 和 go left 又结构相同，这个双关你觉得如何翻译才更妙呢？

当我喝酒的时候，每个人都说我是酒鬼，但当我喝芬达的时候，没人说我"棒极了"

最近看到一个句子，很有趣，"When I drink alcohol, everyone says I'm alcoholic; but when I drink Fanta, no one says I'm fantastic."。

句子意思不难理解："当我喝酒（alcohol）的时候，每个人都说我是酒鬼（alcoholic），但当我喝芬达（Fanta）的时候，没人说我'棒极了（fantastic）'。"这个英文句子的精妙之处在于构词巧合、形式对仗、语义双关。

先看构词巧合。alcohol 是酒精，alcoholic 是其派生词，作形容词，意为"酗酒的"。Fanta 是饮料名"芬达"，fantastic 是形容词，表示"棒极了"，fantastic 并不是 Fanta 的派生词，但恰好词头部分拼写一致，其实两词并无关系，只是巧合。

再看形式对仗。alcohol 对应 Fanta（都是喝的）；alcoholic

对应 fantastic（都是形容词），但 alcoholic 可以算是带有贬义的单词，fantastic 属于褒义词。alcohol 和 alcoholic 对应，Fanta 和 fantastic 对应，词头部分都是相同的。

最后再来看语义双关。fantastic 一词，既表示"棒极了"，又包含 Fanta，这也是全句最精妙的地方。所以，整句话的翻译就难在如何把构词巧合、形式对仗、语义双关都体现出来。

我们再来看看这句话："When I drink alcohol, everyone says I'm alcoholic; but when I drink Fanta, no one says I'm fantastic."

这句话的其他部分不难翻译：当我喝酒的时候，每个人都说我是酒鬼，但当我喝芬达的时候，没人说我是 ＿＿＿＿＿＿。

酒对应酒鬼，都有一个"酒"字，这句不难翻译，难点在于最后的空白处，要找到一个中文词跟芬达对应，这个中文词既要包含芬达里的一个字，又得是个褒义词，因为要跟前面的"酒鬼"对仗。

我在社交平台上发布了这个问题，这位网友的答案获得了最高赞："当我喝酒的时候，个个说我是酒鬼，但当我喝芬达的时候，没人说我是达人。"你觉得如何？

是是是之前，是是是

最近，我遇到了一个英语"神句"："Before was was was,
was was is."

这句英文的难度直逼中文里的一把把把把住了、我也想过过
过儿过过的生活。我们先梳理一下这句英文的含义，后面再讨论
如何翻译。

我们给这句话加一些标点符号，让句子结构更清晰，"Before
'was' was 'was'，'was' was 'is'."。

前面是一个 Before 引导的时间状语从句，逗号后面是主句，
全句的字面意思是"在 was 是 was 之前，was 曾经是 is"。其中，
is 是动词的现在时，was 是动词的过去时。

顺便说一下，汉语中的动词是没有时态变化的，这句英文按
照字面意思来翻译成汉语，就是"是是是之前，是是是"。而在英
语中，is 是动词的现在时，表现在的状态；was 是动词的过去时，
表过去的状态。例如，"He is a boy."表示"他（现在、目前）是

373

个男孩"。那么"He was a boy."呢？was 是过去时，所以该句表示过去的状态——他曾经是个男孩，至于他现在如何了，不得而知。总而言之，这句话中的 was 只是在强调过去的情况。

再回到这个"神句"本身，它意味着在 was 成为过去时之前，它曾经是现在时的 is。为什么称赞它是"神句"，因为它通过描述英语时态的变化，表达对时间流逝的感伤。你可以把 was 看作大叔，把 is 看作少年，那么这句话就变成了"在大叔变成大叔之前，大叔曾经是少年"；或者把 was 看作老太太，把 is 看作少女，句子的意思就是"在老太太变成老太太之前，老太太是位少女"；你还可以把 was 当作前任，把 is 当作现任，句意则变为"前任成为前任之前，也曾是现任"。

现在是不是有点理解句子的内涵了？下面咱们一起讨论一下这句话该如何翻译。这句话直译其实不难，"在 was 成为 was 之前，was 也曾是 is"，或者"在过去成为过去之前，也曾是现在"。难点在于如何把这句话的内涵精妙地翻译出来。

我在社交媒体上召集网友翻译这个句子，其中有三个高赞回答，翻译得非常精彩。

1. 悟已往之不谏，知来者之可追。

这是陶渊明《归去来兮辞》里的诗句，意思是"我觉悟到以前的生活已经逝去，再也不回来，但我知道以后的事还是可以追求的"。

2. 终究会有一天我们都变成昨天。

这是五月天《干杯》里的一句略显伤感的歌词。时间不停流逝，最终我们都会变成过去时，就像昨天一样成为回忆。

3. 每一个当下，都是回不去的曾经。

这句翻译很厉害，以一种上帝视角来看待当下，随着时间的流逝，当下都会变成过去，而一旦变成了过去，就再也回不去了，所以这句话是在告诫我们：要珍惜当下，活在当下。

你怎么理解和翻译这个句子呢？

时光飞逝如箭，果蝇喜爱香蕉

最近，有读者给我发来了这个印在马克杯上的句子，看看你能理解吗？

Time flies like an arrow; fruit flies like a banana.

"Time flies like an arrow." 是一句著名的英文谚语，字面含义是"时间像箭一样飞逝"，就是"时光飞逝、岁月如梭"的意思。但看到后半句时，你是不是有点蒙？什么是 fruit flies like a banana（水果像香蕉那样飞）？这句话其实是作者故意制造的思维定式。

A（主）files（谓语）<like B>（状语）.

A 像 B 那样飞。

带着这样的思维定式，再来看后半句 fruit flies like a banana，你的第一反应肯定就是"水果像香蕉那样飞"。但很明显，这句话根本就不合理！

我们再来梳理第二句的逻辑关系，只要能找到正确的句子成分，真正的句意就呈现出来了。

Fruit flies（主语）like（谓语）a banana（宾语）.

果蝇爱香蕉。

这个句子选词很巧妙，体现了英语中的句法歧义：flies 既可以作名词（苍蝇的复数），又可以作第三人称单数的动词（飞）；like 既可以作介词（像），又可以作动词（喜欢）。

所以 fruit flies like a banana 就存在两种句法都成立的理解方式，但只有"果蝇爱香蕉"的理解是逻辑合理的。

下面介绍一个语言学里的有趣概念。

fruit flies like a banana 是一个经典的句法歧义句，这类句子也被称为 garden path sentence（花园小径句）。花园小径句是一种读者乍看之下会诠释出错误意义，但文法正确无误的句型。之所以称为"花园小径句"，是因为这些句子就好像在引导读者走入花园中曲折的小径，让读者被句子欺骗、戏弄。

这种句子使用的字词本身有着多重意思，导致读者一开始的认知与句子要表达的意义产生偏差，但多读几次之后就能了解它真正的含义，分析的过程也变得非常有趣。所以，花园小径句也经常被用在双关幽默中。

举个例子，你看得懂这个对话吗?

小红：Time flies.

小明：You can't. They go too fast.

我相信大部分人看完都是这个反应：单词都认识，但连在一起到底说的是什么？不出意外，你对"Time flies."的理解是"时光飞逝"，是个主谓结构。但其实 time 还可以作动词，表示"为……计时"，比如，"Time how long it takes you to answer the questions.（记一下你回答这些问题所需的时间）"。

flies 在这里依然作名词，表示复数形式的"苍蝇"。这样一来，"Time flies."又存在另一种结构，就是动宾结构构成的祈使句，表示"给苍蝇计时"。

我们再回到那个对话。

当小红感慨"Time flies（时光飞逝）"的时候，小明插科打诨地说了一句"You can't. They go too fast."，故意把"Time flies"理解为"给苍蝇计时"，所以他回答"你没法计时，它们飞得太快了"，从而营造了搞笑氛围。

最后布置一项作业：你如何理解"The old man the boat."？

你不是沧海一粟，而是一粟中的沧海

今天来讲讲英文中的一个高级修辞手法：交错配列。

这种修辞手法在汉语中也存在，可见不同文化在这个修辞上达成了共识。

那么，什么是交错配列？

先举一个中文的例子：喝酒不开车，开车不喝酒。

再来个英文的例子，"Quitters never win, winners never quit.（弃者不赢，赢者不弃）"。

这种句子最大的特色就是某个词或某几个词的顺序对调，其他部分不动，从而形成了词意相反的对仗句。

交错配列本质上是一种文字游戏，造出的句子形式对仗、朗朗上口，让人觉得很好玩；同时，句意前后对照，引人深思，所以往往能产生脍炙人口的金句。

历史上最著名的两个交错配列的句子，一个出自美国总统肯尼迪，另一个出自英国首相丘吉尔。

先来看肯尼迪的句子：

Ask not what your country can do for you, ask what you can do for your country.（不要问国家能为你做些什么，要问你能为国家做些什么。）

这句话中，your country 和 you 进行了交错配列。

再来看丘吉尔的句子：

Now this is not the end. It is not even the beginning of the end. But it is, perhaps, the end of the beginning.（现在这不是结束。这甚至不是结束的开始，而很可能是开始的结束。）

这句话中，the beginning 和 end 进行了交错配列。

有人可能不太理解这句话，我稍微解释一下。

任何结束或开始都会经历一段过程。"二战"时，盟军打赢了一场大型战役，官兵出现松懈的苗头。为了给大家紧紧发条，1942 年 11 月 10 日，丘吉尔发表了一场激励人心的演说。这段话的意思是，这场战役的胜利并不意味着整个战事在走向结束，它只是 the end of the beginning，即整个战事的序幕才刚结束，暗指后面还有很多战役，敦促大家不要松懈。

这段话经常用来劝告他人戒骄戒躁，不要取得一点小成绩就沾沾自喜。

我想，正是交错配列的运用，让这个句子成为千古流传的金句。

交错配列的英文是 chiasm，该词的源头是希腊文，意为 crossing（交叉）。

我们再来看几个经典例子。

先来看许渊冲对于"不爱红装爱武装"的翻译："To face the powder and not to powder the face."

很多人觉得翻译很妙，正是因为它运用了交错配列，把 face 和 powder 对调了位置，前面的 face the powder 表示"面对炮火"，后面的 powder the face 表示"给脸搽粉"。

另一个例子是一句著名的反战名言："When the power of love overcomes the love of power, the world will know peace."

句中的 power 和 love 进行了交错配列，the power of love 表示"爱的力量"，the love of power 表示"对权力的迷恋"。句子的意思是"当人们追求爱，而不是权力的时候，世界才会真正和平"。

再来看一句感人的爱情名言，"You are not a drop in the ocean, you are the ocean in a drop.（你不是沧海一粟，而是一粟中的沧海）"。

这句话的意境有点像另一句爱情名言，"To the world, you may be one person; but to one person, you may be the world.（对世界而言，你只是一个人，但对某人来说，你却是他 / 她的全世界）"。

还有一句爱情名言也令我印象深刻，"If you can't be with the one you love, love the one you're with.（如果你不能跟你爱

的人在一起，那么就去爱跟你在一起的人）"。号召大家珍惜眼前人。

你看，这些经典的句子无一不运用了交错配列，可见这种修辞手法的魅力。

我看见一把锯子锯了另一把锯子

有一句中文在网上很流行："我也想过过过儿过过的生活。"

这样的句子对咱们中国人来说理解起来是小菜一碟，但对于刚学中文的老外来说，无疑是"专八"级别的。

类似的句子还有"好在我一把把把把住了！""校服上除了校徽别别别的，让你们别别别的别别别的你非得别别的！"

在感叹中文博大精深的同时，我也心血来潮地想：英文中有没有类似的句子？

我搜索了一下，还真有！

1.The sound sounds sound.

这句话中，sound 的三种词性同时出现了。

第一个 sound 作名词，表示"声音"。

第二个 sound 作动词，是谓语，也是感官动词，表示"听起来"。

第三个 sound 是形容词作表语，相当于 reliable，表示"可靠的、合理的"。

所以这句话的意思是"这个声音听起来很可靠"。

2.Don't trouble trouble until trouble troubles you.

这句话里出现了四个 trouble。

第一个 trouble 是动词，表示"给……造成麻烦"。

第二个 trouble 是名词，表示"麻烦"。

第三个 trouble 是名词，表示"麻烦"。

第四个 trouble 是动词，表示"给……找麻烦"。

所以，前半句 Don't trouble trouble 就是"别去麻烦麻烦"，也就是"别去找麻烦"。后半句 until trouble troubles you 表示"直到麻烦来麻烦你"。

整个句子的意思就是"别找麻烦，除非麻烦找到你"。换言之，没事不惹事，有事不怕事。

3. I saw a saw saw a saw.

这句话的难点在于出现了四个 saw。

第一个 saw 是 see（看见）的过去式，"see sb./sth. do sth." 是个重点句型，表示"看见……做了某事"。

第二个 saw 是名词，表示"锯"。

第三个 saw 是动词，表示"锯，锯开"。

第四个 saw 又是名词，表示"锯"。

整个句子的意思是"我看见一把锯锯了另一把锯"。

当然，很多这类句子缺乏逻辑合理性，只是在玩文字游戏。

4. Can you can a can like a canner cans a can?

这句话中出现了六个 can。

第一个 can 是情态动词，表示"能"。

第二个 can 是动词，表示"装罐"。

第三个 can 是名词，表示"罐头"。

第四个 can 存在于 canner 一词中，canner 是 can 的变体，指的就是"装罐工人"。

第五个和第六个 can 是动宾搭配，can a can 表示"装一个罐头"。

整句话的意思是"你能像一个装罐工人那样装一个罐头吗？"

5.Two to two to two two.

没点英语基本功，还真的很难理解这句话。

这是一个表示时间的句子，two to two 是一个时间点，表示"2 点差 2 分"，也就是"1 点 58 分"。介词 to 表示一种差距，比如 10 点差 10 分，就是 10 to 10。

最后的 two two 是 2 点过 2 分，也就是 2 点 2 分。

句子中的第二个 to 表示"到"，也就是从一个时间点到另一个时间点。

所以整句话的意思是"1 点 58 分到 2 点 2 分"。

6. They don't know that we know they know we know.

这个句子来自《老友记》，它含有三个宾语从句，语法不好的人还真的很难看懂，下面我把层次划分出来。

They don't know {that we know [they know (we know)].}

翻译成汉语就是"他们不知道我们知道他们知道我们知道"。

7. Will, will Will will Will Will's will?

这句话全是由 will 构成的，但各有含义，而且涉及三个名叫 Will 的人。

第一个 Will 是人名，记作一号威尔。

第二个 will 是助动词，在句首提起疑问句，比如，"Will you marry me?"的句首 will。

第三个 Will 又是人名"威尔"，不过根据上下文，跟第一个威尔不是同一个人，记作二号威尔。

第四个 will 最难理解，这里是动词，表示"立遗嘱将某物赠予某人"，比如，"John willed his daughter everything.（约翰立遗嘱把遗产都留给了自己的女儿）"。

第五个 Will 是第三个名为 Will 的人，记作三号威尔。

第六个 Will 跟第二个 Will 是同一人，也就是二号威尔。

第七个 will 表示"遗嘱"。

所以，整句话的意思是"一号威尔，二号威尔会把自己的遗嘱赠给三号威尔吗？"

8. I think that that that that that student wrote on the blackboard was wrong.

如果这句话的结构弄清楚了，那么从句的知识你也算掌握一大半了。

这句话中的第三个 that 其实应加个引号。

第一个 that 是宾语从句引导词，"I think that..." 是一个很常见的句型。

第二个 that 是指示代词，表示"那个"。

第三个 that，是被学生写在黑板上的单词 that。

第四个 that 是定语从句引导词，因为充当定语从句里 wrote 的宾语，可以省略，但为了增加其难度，故意不省略。

第五个 that 也是指示代词，that student（那个学生），是定语从句里的主语。

所以，整句话的意思是"我认为那个学生在黑板上写的那个 that 是错的"。

9. Is this a ship-shipping ship, shipping shipping ships?

这句话不但涉及单词词性，还涉及非谓语动词的用法，理解难度比较高。

先看前半句里的 a ship-shipping ship。

ship 除了表示"船"，还可以作动词，表示"运输"，所以 a ship-shipping ship 表示"运输船只的船"。

后半句 shipping shipping ships 是现在分词短语作状语，第一个 shipping 是现在分词，"运输"；第二个 shipping 是动名词作定语，表用途，修饰 ships，shipping ships 表示"运输船"。

综上，整句话的意思是"这是一艘运输船只的船，正在运输运输船吗？"

10. Buffalo buffalo Buffalo buffalo buffalo buffalo Buffalo buffalo.

这是一个由八个 buffalo 构成的句子，语法正确，语意完整，属于这类句子的"终极大 boss"。

我们下一节来详细讲讲这个句子。

布法罗市的水牛威吓着布法罗市的水牛，也威吓着布法罗市的其他水牛

上一节节末，我提到了一个句子：

Buffalo buffalo Buffalo buffalo buffalo buffalo Buffalo buffalo.

你相信吗，这是一个完全没有语法问题的正确的句子！而且整句话不需要句号之外的其他标点。

要想理解这个句子，我们必须了解 buffalo 这个单词的不同含义。在英语中，buffalo 一共有四层含义。

1.any of several large wild oxen of the family Bovidae

名词，大型野生牛科动物，通常可指代水牛。

2.to puzzle or baffle; confuse; mystify

动词，使……迷惑。

比如，"He was buffaloed by the problem.（他被这道问题难住了）"。

3.to impress or intimidate by a display of power, importance, etc.

动词，震慑、恐吓、威胁（某人）。

比如，"The older boys buffaloed him.（几个年龄大些的孩子恐吓他）"。

4.Buffalo（首字母大写）

名词，布法罗市，又被称为"水牛城"，是位于美国纽约州的一个大城市。

结合上述意思，我们再来看一下这个句子：

Buffalo buffalo Buffalo buffalo buffalo buffalo Buffalo buffalo.

还是看不懂？我们加入辅助性单词和角标，再对句子进行一下成分划分和断句。

(Those) [Buffalo buffalo¹] (whom) [Buffalo buffalo² buffalo] buffalo [Buffalo buffalo²].

①第一个中括号里的 Buffalo buffalo 指"布法罗市里的水牛"（记作 1 号），作句子的主语。

②第二个中括号里的 Buffalo buffalo buffalo 里的 Buffalo buffalo 指"（另外一些）布法罗市的水牛"（记作 2 号），后面的 buffalo 是一个动词，表示"威吓"。这个部分连同前面增补的 whom 构成了一个定语从句（whom 作为 buffalo 的宾语，可以

省略），这个定语从句修饰句子主语 Buffalo buffalo，表示"被 2 号水牛威吓的 1 号水牛"。

③第三个方括号前面的 buffalo 是一个动词，表示"威吓"，这是全句的谓语动词。

④第三个方括号 Buffalo buffalo，表示"布法罗市的水牛"，这批水牛跟 2 号水牛是同一批，同样记作 2 号。

整个句子可以简化成"被 2 号水牛威吓的 1 号水牛也同时威吓

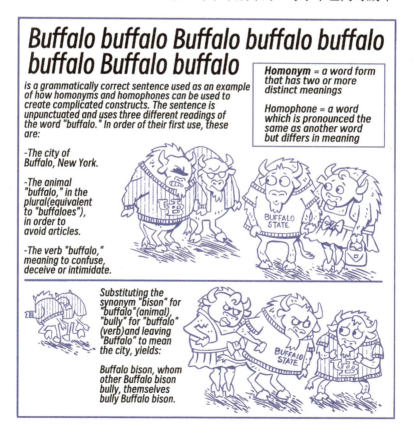

Buffalo buffalo Buffalo buffalo buffalo buffalo Buffalo buffalo

is a grammatically correct sentence used as an example of how homonyms and homophones can be used to create complicated constructs. The sentence is unpunctuated and uses three different readings of the word "buffalo." In order of their first use, these are:

-The city of Buffalo, New York.

-The animal "buffalo," in the plural(equivalent to "buffaloes"), in order to avoid articles.

-The verb "buffalo," meaning to confuse, deceive or intimidate.

Homonym = a word form that has two or more distinct meanings

Homophone = a word which is pronounced the same as another word but differs in meaning

Substituting the synonym "bison" for "buffalo"(animal) "bully" for "buffalo" (verb)and leaving "Buffalo" to mean the city, yields:

Buffalo bison, whom other Buffalo bison bully, themselves bully Buffalo bison.

着 2 号水牛"。再把"布法罗市的水牛"填进去,就变成"一些被布法罗市的其他水牛威吓的布法罗市的水牛也同时威吓着那些水牛。"

换句话来说,就是"布法罗市里有这样一些水牛,该市的其他水牛都威吓着它们,而它们反过来也威吓着这个城市里的其他水牛"。

看懂这句话的前提是,你要具备以下知识或能力:

了解 buffalo 一词的不同含义。

能够划分句子结构。

能看懂定语从句(关系代词作宾语,可以省略)。

制造出这种神奇语言现象的原理是同音异义词(homonyms)。

同音异义词是英语的一大难点。简单一点的单词,比如 China,首字母大写,表示国家"中国";首字母小写,表示"瓷器"。又如 Shanghai 这个单词,首字母大写,表示"中国上海市",首字母小写,作动词,表示"诱骗、胁迫(某人做某事)"。

英文中还有很多利用同音异义词打造的文字游戏,比如:

a moving^1 moving^2 moving^3 van。

译:一辆令人感动的、正在行驶的家具搬运车。

解析:1 号 moving 是一个形容词,表示"令人感动的";2 号 moving 是一个形容词化的现在分词,表示"正在移动的、正在行驶的";3 号 moving 是动名词,修饰后面的名词 van,a moving van 表示"家具搬运车"。

图书在版编目（CIP）数据

爱是想触碰又收回的手 ：美到窒息的英文词句 / 谢侃著. -- 北京 ：北京联合出版公司，2025. 2. -- ISBN 978-7-5596-8120-1

Ⅰ．H31

中国国家版本馆CIP数据核字第20242GP606号

爱是想触碰又收回的手：美到窒息的英文词句

作　　者：谢　侃
出 品 人：赵红仕
责任编辑：刘　洋

北京联合出版公司出版
（北京市西城区德外大街 83 号楼 9 层　100088）
河北鹏润印刷有限公司印刷　新华书店经销
字数 273 千字　880 毫米 ×1230 毫米　1/32　印张 12.875
2025 年 2 月第 1 版　2025 年 2 月第 1 次印刷
ISBN 978-7-5596-8120-1
定价：65.00 元